小学3年生

漢字にぐーんと強くなる

もくじ

1 「艹」のつく漢字《かんじ》 …… 5
2 「宀」のつく漢字 …… 9
3 「竹・⺮」のつく漢字 …… 17
4 「人・亻・𠆢」のつく漢字 …… 21
5 「木・木」のつく漢字 …… 27
6 「手・扌」のつく漢字 …… 35
7 「水・氵」のつく漢字 …… 39
8 「心」のつく漢字 …… 51
9 「辶」のつく漢字 …… 57
10 「口」のつく漢字 …… 63
11 「糸」のつく漢字 …… 71
12 「女・女」のつく漢字 …… 73
13 「日」のつく漢字 …… 75
14 「車」のつく漢字 …… 77
15 「广」のつく漢字 …… 79
16 「目」のつく漢字 …… 81
17 「田」のつく漢字 …… 85
18 「月」のつく漢字 …… 87
19 「力」のつく漢字 …… 89
20 「金・金」のつく漢字 …… 91
21 「阝」のつく漢字 …… 93
22 「言」のつく漢字 …… 95
23 「示・礻」のつく漢字 …… 99
24 「彳」のつく漢字 …… 101
25 「又」のつく漢字 …… 103
26 「尸」のつく漢字 …… 105
27 「羊」のつく漢字 …… 107
28 「冖」のつく漢字 …… 109
29 「立」のつく漢字 …… 113
30 「肉・月」のつく漢字 …… 114
31 「食・飠」のつく漢字 …… 116
32 「卩」のつく漢字 …… 117
33 「山」のつく漢字 …… 119
34 「攵」のつく漢字 …… 120
35 「酉」のつく漢字 …… 122
36 「方」のつく漢字 …… 123
37 「匚」のつく漢字 …… 125
38 「癶」のつく漢字 …… 126
39 二つ（上と下）に分かれる漢字 …… 129
40 二つ（右と左）に分かれる漢字 …… 136
41 二つ（その他《た》）に分かれる漢字 …… 149
42 二つに分けられない漢字 …… 153
43 体の部分《ぶぶん》を表《あらわ》す漢字 …… 163
44 にた部分のある漢字 …… 164
45 同じ部分をもつ漢字 …… 172
46 形がにている漢字 …… 175
47 同じ読み方の漢字 …… 177
答え …… 181

KUMON

この本のしくみと使《つか》い方《かた》

学習《がくしゅう》する漢字《かんじ》のグループ
おもに漢字《かんじ》の形（部首《ぶしゅ》）でまとめてあります。
部首《ぶしゅ》は、字典《じてん》によってちがっている場合もあります。
この本は『小学漢字《かんじ》に強くなる字典《じてん》』に合わせています。

漢字《かんじ》のなりたちやしくみ

画数

じゅく語
漢字《かんじ》が二つや三つ、むすびついたことばです。
かたほうの字もなぞって、いっしょにおぼえましょう。

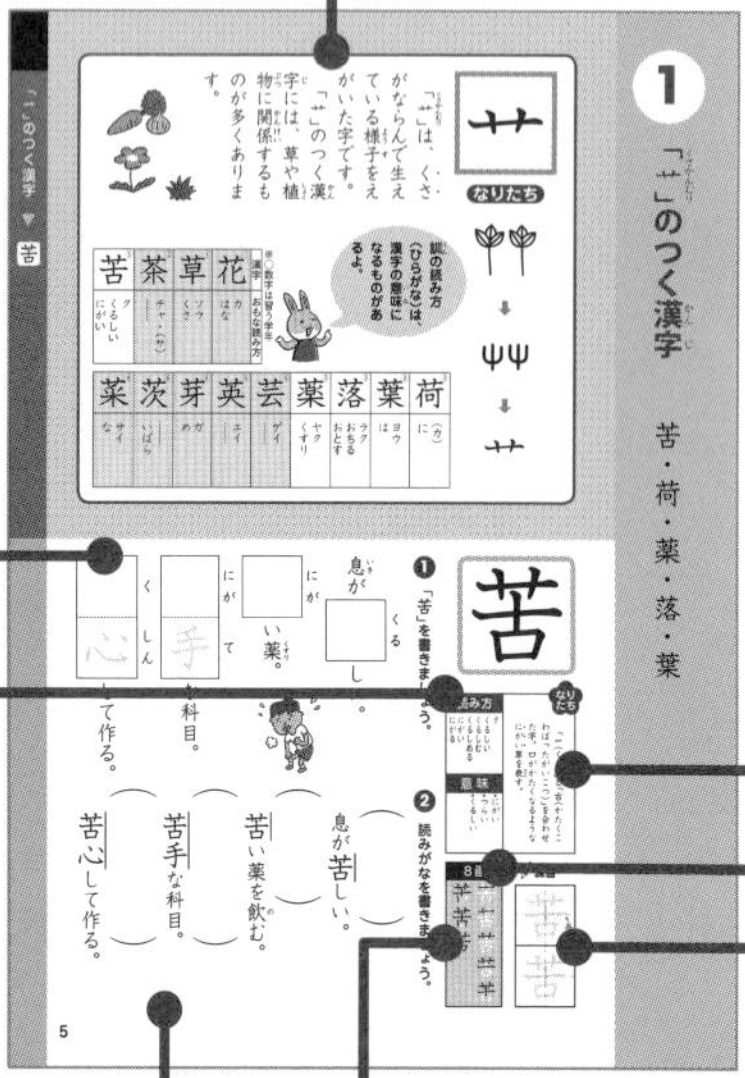

練習《れんしゅう》
書きじゅんを見ながら、上からなぞって練習《れんしゅう》しましょう。
ほかの紙にも書いて練習《れんしゅう》しましょう。

書きじゅん

読み書きの練習《れんしゅう》
読みと書きは同じ漢字ですので、答えはつけてありません。

読み方
カタカナは音読み、ひらがなはくん読みです。
太い字は送りがな、
（　）は小学校では習《なら》わない読み方です。

音くんさくいん

三年生の漢字 200字

三年生で習《なら》う漢字《かんじ》のすべての読み方を、五十音（あいうえお…）じゅんにならべています。

読み	漢字	ページ
あ		
あい	相	81
あきなう	商	67
アク	悪	52
あく	開	151
あける	開	151
あじ	味	65
あじわう	味	65
あそぶ	遊	61
あたたか	温	45
あたたかい	温	45
あたたまる	温	45
あたためる	温	45
あつい	暑	76
あつまる	集	132
あつめる	集	132
あぶら	油	43
あらわす	表	160
あらわれる	表	160
ある	有	114
アン	安	9
アン	暗	75
い		
イ	医	125
イ	委	73
イ	意	54
いき	息	52
イク	育	114
いそぐ	急	51
いた	板	27
いのち	命	65
イン	員	68
イン	院	93
イン	飲	116
う		
ウ	有	114
うえる	植	29
うかる	受	104
うける	受	104
うごかす	動	90
うごく	動	90
うつ	打	35
うつくしい	美	108
うつす	写	129
うつる	写	129
うわる	植	29
ウン	運	60
え		
エ	重	169
エイ	泳	40
エキ	役	101
エキ	駅	146
お		
オ	和	68
オ	悪	52
オウ	央	154
オウ	横	32
おう	追	58
おう	負	168
おえる	終	71
おきる	起	150
オク	屋	105
おくる	送	60
おこす	起	150
おこる	起	150
おちる	落	7
おとす	落	7
おも	主	153
おも	面	160
おもい	重	169
おもて	表	160
おもて	面	160
およぐ	泳	40
おわる	終	71
オン	温	45
か		
カ	化	136
カ	荷	6
カイ	界	86
カイ	階	94
カイ	開	151
かえす	返	57
かえる	返	57
かえる	代	21
かかり	係	22
かかる	係	22
カク	客	10
かさなる	重	169
かさねる	重	169
かつ	勝	90
かなしい	悲	54
かなしむ	悲	54
かみ	神	100
かるい	軽	77
かろやか	軽	77
かわ	皮	154
かわる	代	21
カン	寒	14
カン	漢	48
カン	感	55
カン	館	116
かん	神	100
ガン	岸	119

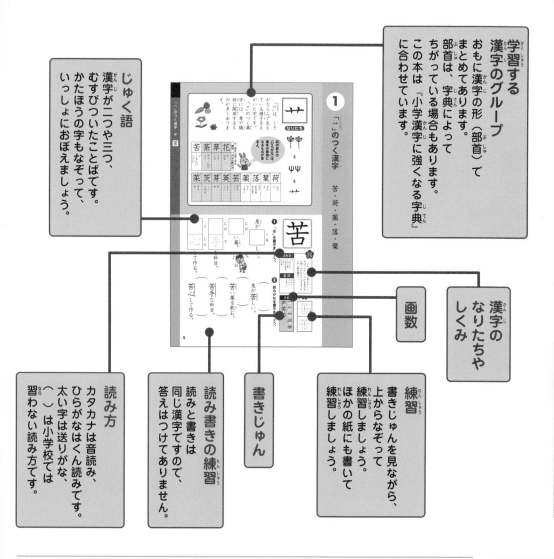

き

読み	漢字	ページ
キ	起	150
キ	期	87
きえる	消	44
きし	岸	119
きせる	着	108
きまる	決	40
きみ	君	64
きめる	決	40
キャク	客	10
キュウ	究	133
キュウ	急	51
キュウ	級	72
キュウ	宮	11
キュウ	球	145
キョ	去	156
キョウ	橋	32
ギョウ	業	31
キョク	曲	154
キョク	局	105
きる	着	108
きわめる	究	133
ギン	銀	91

く

読み	漢字	ページ
ク	区	125
ク	苦	5
ク	宮	11
ク	庫	80
グ	具	168
グウ	宮	11
くすり	薬	6
くばる	配	122
くらい	暗	75
くるしい	苦	5
くるしむ	苦	5
くるしめる	苦	5
クン	君	64

け

読み	漢字	ページ
ケ	化	136
ケイ	係	22
ケイ	軽	77
けす	消	44
ケツ	血	167
ケツ	決	40
ケン	県	82
ケン	研	142

こ

読み	漢字	ページ
コ	去	156
コ	庫	80
コ	湖	47
ゴ	期	87
コウ	向	63
コウ	幸	165
コウ	港	47
こう	神	100
ゴウ	号	64
ゴウ	業	31
こおり	氷	39
こと	事	164
ころがす	転	77
ころがる	転	77
ころげる	転	77
ころぶ	転	77
コン	根	28

さ

読み	漢字	ページ
サイ	祭	99
さいわい	幸	165
さか	坂	139
さか	酒	122
さけ	酒	122
さす	指	37
さだか	定	13
さだまる	定	13
さだめる	定	13
さち	幸	165
さま	様	31
さむい	寒	14
さら	皿	167
さる	去	156

し

読み	漢字	ページ
シ	仕	22
シ	次	137
シ	死	156
シ	使	24
シ	始	73
シ	指	37
シ	歯	163
シ	詩	95
ジ	仕	22
ジ	次	137
ジ	事	164
ジ	持	37
じ	路	146
しあわせ	幸	165
シキ	式	157
ジツ	実	13
しな	品	67
しぬ	死	156
しま	島	119
シャ	写	129
シャ	者	149
シャク	昔	76
ジャク	着	108
シュ	主	153
シュ	守	10
シュ	取	104
シュ	酒	122
ジュ	受	104
シュウ	州	157
シュウ	拾	36
シュウ	終	71
シュウ	習	130
シュウ	集	132
ジュウ	住	24
ジュウ	拾	36
ジュウ	重	169
シュク	宿	14
ショ	所	140
ショ	暑	76
ジョ	助	89
ショウ	昭	76
ショウ	相	81
ショウ	消	44
ショウ	商	67
ショウ	章	113
ショウ	勝	90
ジョウ	定	13
ジョウ	乗	169
ショク	植	29
しらべる	調	96
しろ	代	21
シン	申	86
シン	身	159
シン	神	100
シン	真	82
シン	深	45
シン	進	61
ジン	神	100

す

読み	漢字	ページ
ス	主	153
ス	守	10
す	州	157
ズ	豆	159
ズ	事	164
すけ	助	89
すすむ	進	61
すすめる	進	61
すべて	全	25
すまう	住	24
すみ	炭	130
すみやか	速	58
すむ	住	24

せ

読み	漢字	ページ
セ	世	109
セイ	世	109
セイ	整	120
セキ	昔	76
ゼン	全	25

そ

読み	漢字	ページ
ソ	想	55
ソウ	送	60
ソウ	相	81
ソウ	想	55
ソク	息	52
ソク	速	58
ゾク	族	123
そそぐ	注	41
そだつ	育	114
そだてる	育	114
そらす	反	103
そる	反	103

た

読み	漢字	ページ
タ	他	22
ダ	打	35
タイ	代	21
タイ	対	139
タイ	待	101
ダイ	代	21
ダイ	第	18
ダイ	題	151
たいら	平	165
タク	度	79
たすかる	助	89
たすける	助	89
たび	度	79
たび	旅	123
たま	球	145
タン	反	103
タン	炭	130
タン	短	145
ダン	談	96

ち

読み	漢字	ページ
ち	血	167
チャク	着	108
チュウ	注	41
チュウ	柱	28
チョウ	丁	110
チョウ	重	169
チョウ	帳	143
チョウ	調	96

つ

読み	漢字	ページ
ツ	都	117
ツイ	対	139
ツイ	追	58
つかう	使	24
つかえる	仕	22
つぎ	次	137
つく	着	108
つぐ	次	137
つける	着	108
つどう	集	132
つら	面	160

て

読み	漢字	ページ
テイ	丁	110
テイ	定	13
テイ	庭	80
テキ	笛	17
テツ	鉄	91
テン	転	77

と

読み	漢字	ページ
ト	度	79
ト	都	117
ト	登	126
ド	度	79
とい	問	68
トウ	投	36
トウ	豆	159
トウ	島	119
トウ	等	18
トウ	湯	48
トウ	登	126
とう	問	68
ドウ	動	90
ドウ	童	113
とぐ	研	142
ところ	所	140
ととのう	調	96
ととのう	整	120
ととのえる	調	96
ととのえる	整	120
とる	取	104
とん	問	68

な

読み	漢字	ページ
ながす	流	44
ながれる	流	44
なげる	投	36
なごむ	和	68
なごやか	和	68
なみ	波	41
ならう	習	130

に

読み	漢字	ページ
に	荷	6
にがい	苦	5
にがる	苦	5
にわ	庭	80

ぬ

読み	漢字	ページ
ぬし	主	153

ね

読み	漢字	ページ
ね	根	28
ねる	練	72

の

読み	漢字	ページ
ノウ	農	133
のせる	乗	169
のぼる	登	126
のむ	飲	116
のる	乗	169

は

読み	漢字	ページ
ハ	波	41
は	葉	7
は	歯	163
ハイ	配	122
バイ	倍	25
ばかす	化	136
はぐくむ	育	114
ばける	化	136
はこ	箱	19
はこぶ	運	60
はし	橋	32
はじまる	始	73
はじめる	始	73
はしら	柱	28
はた	畑	85
はたけ	畑	85
ハツ	発	126
はな	鼻	163
はなす	放	120
はなつ	放	120
はなれる	放	120
はやい	速	58
はやまる	速	58
はやめる	速	58
ハン	反	103
ハン	坂	139
ハン	板	27
バン	板	27

ひ

読み	漢字	ページ
ヒ	皮	154
ヒ	悲	54
ひ	氷	39
ビ	美	108
ビ	鼻	163
ヒツ	筆	19
ひつじ	羊	107
ひとしい	等	18
ヒョウ	氷	39
ヒョウ	表	160
ビョウ	平	165
ビョウ	秒	142
ビョウ	病	150
ひら	平	165
ひらく	開	151
ひらける	開	151
ひろう	拾	36
ヒン	品	67

ふ

読み	漢字	ページ
フ	負	168
ブ	部	117
ふえ	笛	17

み
- みなと 港 47
- みどり 緑 72
- みずうみ 湖 47
- みじかい 短 145
- みのる 実 13
- み 身 159
- ミ 味 65

ま
- まもる 守 10
- まめ 豆 159
- まつる 祭 99
- まつり 祭 99
- まったく 全 25
- まつ 待 101
- まさる 勝 90
- まげる 曲 154
- まける 負 168
- まがる 曲 154
- まかす 負 168
- マ 真 82

ほ
- ホン 反 103
- ホツ 発 126
- ほか 他 22
- ほうる 放 120
- ホウ 放 120

へ
- ベン 勉 90
- ヘン 返 57
- ヘイ 病 150
- ヘイ 平 165

ふ
- ふで 筆 19
- ブツ 物 140
- フク 福 100
- フク 服 87
- ふかい 深 45
- ふかめる 深 45
- ふかまる 深 45

ゆ
- ユウ 遊 61
- ユ 油 43
- ユ 由 86

や
- やわらげる 和 68
- やわらぐ 和 68
- やむ 病 150
- やまい 病 150
- やどる 宿 14
- やどす 宿 14
- やど 宿 14
- やすい 安 9
- ヤク 薬 6
- ヤク 役 101
- やかた 館 116
- や 屋 105

も
- モン 問 68
- もり 守 10
- もの 者 149
- もの 物 140
- もつ 持 37
- モツ 物 140
- もうす 申 86

め
- メン 面 160
- メイ 命 65

む
- むこう 向 63
- むける 向 63
- むく 向 63
- むかし 昔 76
- むかう 向 63

み
- ミョウ 命 65
- みやこ 都 117
- みや 宮 11
- みのる 実 13

ろ
- ロク 緑 72
- ロ 路 146

れ
- レン 練 72
- レツ 列 137
- レイ 礼 100

る
- ル 流 44

り
- リョク 緑 72
- リョウ 両 110
- リョ 旅 123
- リュウ 流 44

ら
- ラク 落 7
- ライ 礼 100

よ
- よし 由 86
- よこ 横 32
- よう 様 31
- ヨウ 陽 94
- ヨウ 葉 7
- ヨウ 洋 43
- ヨウ 羊 107
- よ 世 109
- よ 代 21
- ヨ 予 164

ゆ
- ゆび 指 37
- ゆだねる 委 73
- ユウ 遊 61
- ユウ 有 114
- ユウ 由 86
- ユイ 由 86
- ユ 湯 48

わ
- わるい 悪 52
- わらべ 童 113
- わざ 業 31
- ワ 和 68

小学漢字に強くなる字典　小学校で学ぶ全1026字

たくさんの例文・熟語で、漢字の意味や使い方がよくわかります。
作文やことば調べなどの宿題に大かつやく。
なかまコーナーが学年をこえて漢字の世界を広げます。

● **漢字をすぐに見つけられる字典**
　学年別・総ふりがなで1年生から使える
　音訓・総画・部首さくいんでさがしやすい
　付録のシールで引きやすさアップ

● **宿題や自習に大かつやく**
　たくさんの例文・熟語を収録
　ていねいな説明で、漢字の意味がよくわかる
　ことば探しや文作りなど、家庭学習で役に立つ

● **漢字の世界を広げ、好きになる**
　イラスト付きの成り立ちで漢字が身近に
　学年をこえて漢字のなかまを紹介

● **正しく、美しい字が書ける**
　すべての画を示している筆順コーナー
　手書きのお手本文字で書き方がよくわかる

監修:和泉 新（図書館情報大学名誉教授）　A5判／800ページ

1

「艹（くさかんむり）」のつく漢字

苦・荷・薬・落・葉

なりたち

「艹」は、くさ・がならんで生えている様子をえがいた字です。
「艹」のつく漢字には、草や植物に関係するものが多くあります。

訓の読み方（ひらがな）は、漢字の意味になるものがあるよ。

※〇数字は習う学年

漢字 おもな読み方	① 花	① 草	② 茶	③ 苦
	カ はな	ソウ くさ	チャ・(サ)	ク くるしい にがい

③ 荷	③ 葉	③ 落	③ 薬	④ 芸	④ 英	④ 芽	④ 茨	④ 菜
(カ) に	ヨウ は	ラク おちる おとす	ヤク くすり	ゲイ	エイ	ガ め	いばら	サイ な

苦

なりたち
「艹（くさ）」と「古（かたくこわばったがいこつ）」を合わせた字。口がかたくなるようなにがい草を表す。

読み方
ク
くるしい
くるしむ
くるしめる
にがい
にがる

意味
にがい
つらい
くるしい

8画　✏練習

苦苦苦苦苦苦

苦
長く

苦

❶ 「苦」を書きましょう。

息が〔　〕くる〔　〕しい。

にが〔　〕くて

にが〔　〕い薬。くすり

て〔　〕な科目。

く〔　〕しん〔心〕して作る。

❷ 読みがなを書きましょう。

息が苦しい。（　　　　）

苦い薬を飲む。（　　　　）

苦手な科目。（　　　　）

苦心して作る。

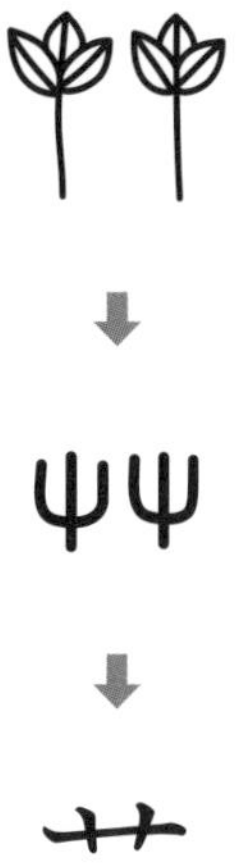

荷

読み方
に（カ）

意味
・にもつ
・ひきうける

なりたち
「艹（くさ）」と「何（人がにもつをかつぐ様子《ようす》）」を合わせた字で、葉《は》をかついだような形のはすの花を表《あらわ》す。

10画
荷 荷 荷 荷 荷 荷 荷 荷 荷 荷

練習
荷（はねる）
荷

1 「荷」を書きましょう。

□《に》車《ぐるま》をおす。

□《に》物《もつ》。

車のつみ□《に》。

□《に》づくりをする。

2 読みがなを書きましょう。

荷車をおす。（　）

荷物を運《はこ》ぶ。（　）

車のつみ荷。（　）

荷づくりをする。（　）

薬

読み方
ヤク
くすり

意味
・くすり

なりたち
「艹（くさ）」と「楽（くぬぎの木）」を合わせた字で、草木の実《み》をすりつぶしたくすりを表す。

16画
薬 薬 薬 薬 薬 薬 薬 薬 薬 薬

練習
薬（長く）
薬

1 「薬」を書きましょう。

□《くすり》を飲《の》む。

かぜ□《ぐすり》。

花火の火《か》□《やく》。

□《やく》品《ひん》を使《つか》う。

2 読みがなを書きましょう。

薬を飲む。（　）

かぜ薬を買う。（　）

花火の火薬。（　）

薬品を使う。（　）

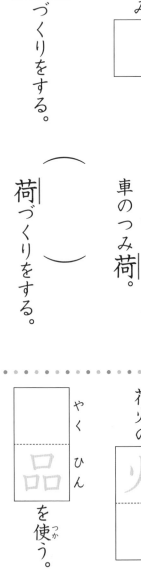

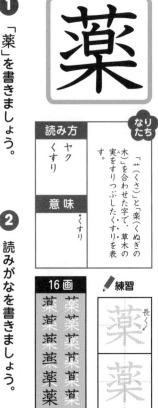

落

なりたち
「艹(植物《しょくぶつ》)」と「洛(おちる)」を合わせた字。木の葉《は》や木の実《み》がおちることを表す。

読み方
ラク
おちる
おとす

意味
•おちる
•おとす
•ぬける
•おさまる

12画
落 落 落 落 落 落 落 落 落 落

練習
落 落
「又」としない

❶ 「落」を書きましょう。

しずくが□《お》ちる。

□《お》とし物《もの》。

文章《ぶんしょう》のだん□《らく》。
(ひとまとまりになっている文章のくぎり)

□《らっ》下《か》物《ぶつ》。
(高いところからおちてくる物)

❷ 読みがなを書きましょう。

しずくが落ちる。（　　）

落とし物をさがす。（　　）

文章のだん落。（　　）

あぶない落下物。（　　）

葉

なりたち
「艹(植物)」と「枼(木のこずえにある平たいはっぱ)」を合わせた字。草や木のはを表す。

読み方
ヨウ
は

意味
•草木のは

12画
葉 葉 葉 葉 葉 葉 葉 葉 葉 葉

練習
葉 葉
長く

❶ 「葉」を書きましょう。

木《こ》の□《は》。

落《お》ち□《ば》。

青《あお》□《ば》がしげる。

落《らく》□《よう》する木。
(秋のおわりごろ、はがおちる木)

❷ 読みがなを書きましょう。

木の葉を拾《ひろ》う。（　　）

落ち葉を集《あつ》める。（　　）

青葉がしげる。（　　）

落葉する木。（　　）

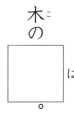

ドリル

点

1つ・5点

1 ―線の漢字《かんじ》の読みがなを書きましょう。

① かぜ薬を買う。（　　）

② 落葉する木。（　　）

③ 落ち《お》葉を集《あつ》める。（　　）

④ 荷物を運《はこ》ぶ。（　　）

⑤ 文章《ぶんしょう》のだん落。（　　）

⑥ 花火の火薬。（　　）

⑦ 荷づくりをする。（　　）

⑧ あぶない落下物《ぶつ》。（　　）

⑨ 苦手な科目。（　　）

⑩ 薬品を使《つか》う。（　　）

2 読みがなにあう漢字を書きましょう。

① 車のつみ［に］。

② ［くしん］して作る。

③ ［お］とし物《もの》。

④ ［にぐるま］をおす。

⑤ 木《こ》の［は］。

⑥ ［にが］い味《あじ》。

⑦ ［くすり］を飲《の》む。

⑧ 実《み》が［お］ちる。

⑨ ［あおば］。

⑩ 息《いき》が［くる］しい。

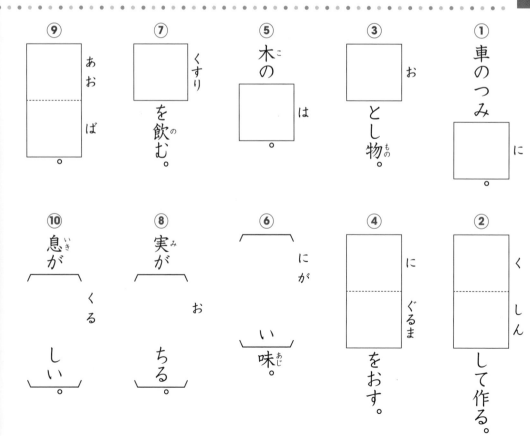

2 「宀《うかんむり》」のつく漢字《かんじ》

安・守・客・宮・実・定・宿・寒

宀

なりたち

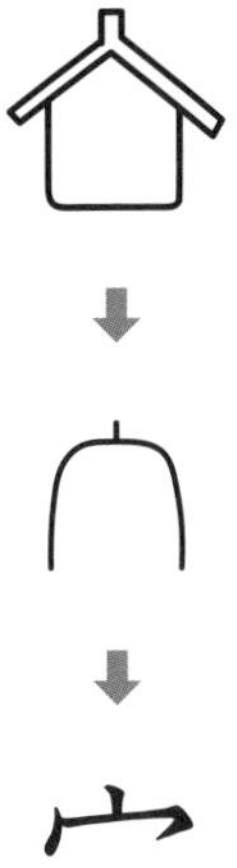

「宀《うかんむり》」は、い・え・の屋根《やね》の形をえがいた字です。

「宀」のつく漢字《かん》には、家のしゅるいや様子《ようす》に関《かん》係《けい》するものが多くあります。

※○数字は習う学年

漢字	おもな読み方
室②	シツ (むろ)
家②	カ・ケ いえ や
安③	アン やすい
守③	シュ・ス まもる (もり)
実③	ジツ み みのる
定③	テイ ジョウ さだめる
客③	キャク (カク) —
宮③	キュウ (グウ)・(ク) みや
宿③	シュク やど やどる
寒③	カン さむい
完④	カン —
官④	カン —
害④	ガイ —
富④	フ・(フウ) とむ・とみ
察④	サツ —

(究→133ページ)

安

なりたち
「宀(いえ)」と「女(おんな)」を合わせた字。家の中に女の人がやすらかにいることを表《あらわ》す。

読み方
アン
やすい

意味
・やすらか
・やすい
・たやすい

6画
安 安 安 安 安 安

練習
安 安
少しつき出す

1 「安」を書きましょう。

やす[　]い本。

やす[売]う りの店。

あん[心]しん する。

あん[全]ぜん な場《ば》所《しょ》。

2 読みがなを書きましょう。

安(　　)い本を買う。

安売(　　)りの店へ行く。

ほっと安心(　　)する。

安全(　　)な場所。

守

なりたち
「宀（いえ）」と「寸（て）」を合わせた字。家の中に人や物《もの》を手で入れてまもることを表《あらわ》す。

読み方
シュ
ス
まもる
（もり）

意味
・まもる
・大切にする

6画
守 守守守守守

練習
守 はねる
守

❶ 「守」を書きましょう。

きそくを［　］《まも》る。

［　］《まも》りにつく。

［　］《しゅ》備《び》をかためる。

家を留《る》［　］《す》にする。

❷ 読みがなを書きましょう。

きそくを守る。（　　）

守りにつく。（　　）

守備《び》をかためる。（　　）

家を留《る》守にする。（　　）

客

なりたち
「宀（いえ）」と「各（足が止まること）」を合わせた字。外からやってきてとまる人（旅人《たびびと》）を表す。

読み方
キャク
（カク）
—

意味
・たずねてきた人
・ものを買う人など

9画
客 客客客客客客客客

練習
客 はらう
客

❶ 「客」を書きましょう。

お［　］《きゃく》さんのくつ。

買い物《もの》［　］《きゃく》。

バスの乗［　］《じょう》［　］《きゃく》。

げき場の［　］《きゃく》席《せき》。

❷ 読みがなを書きましょう。

お客さんのくつ。（　　）

店の買い物客。（　　）

バスの乗客。（　　）

げき場の客席《せき》。（　　）

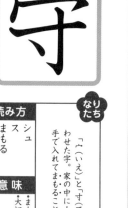

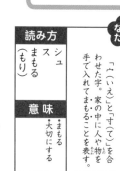

宮

なりたち

「宀（いえ）」と「呂（建物《たてもの》がつながっている様子《ようす》）」を合わせた字。りっぱなごてんを表《あらわ》す。

読み方	意味
キュウ　（グウ）・（ク）　みや	・りっぱなたてもの　・じん社

10画

宮 宮 宮 宮 宮 宮 宮 宮 宮 宮

✏練習

宮（はらう）
宮

❶ 「宮」を書きましょう。

近くのお［　　］《みや》。

お［　　］《みや》まいり。

昔《むかし》の王《おう》［　　］《きゅう》。

大きな［　　］《きゅう》でん。

❷ 読みがなを書きましょう。

近くのお宮（　　）。

お宮（　　）まいりの人。

昔の王宮（　　）。

大きな宮（　　）でん。

家を表《あらわ》す漢字《かんじ》

「宀《うかんむり》」のつく漢字《かんじ》には、家に関係《かんけい》のあるものがあります。このほかにも、家や建物《たてもの》を表《あらわ》す漢字には、次《つぎ》のようなものがあります。

店

書店

屋

花屋《はなや》

館

図書館《としょかん》
体育館《たいいくかん》

庫

倉庫《そうこ》

局

ゆうびん局《きょく》

ドリル

点
1つ・5点

❶ ―線の漢字《かんじ》の読みがなを書きましょう。

① 近くのお宮。（　　）

② 安全な場所《ばしょ》。（　　）

③ 買い物《もの》客。（　　）

④ 守備《び》をかためる。（　　）

⑤ 客席《せき》にすわる。（　　）

⑥ 安売りの店。（　　）

⑦ 守りにつく。（　　）

⑧ 家を留《る》守にする。（　　）

⑨ 大きな宮でん。（　　）

⑩ ほっと安心する。（　　）

❷ 読みがなにあう漢字を書きましょう。

① お□（きゃく）さん。

② 昔《むかし》の□□（おう きゅう）。

③ げき場の□（きゃく）席《せき》。

④ バスの乗□（じょう きゃく）。

⑤ □（しゅ）備《び》をかためる。

⑥ □全（あん ぜん）な場所。

⑦ お□（みや）まいり。

⑧ （やす）い本を買う。

⑨ 留《る》□（す）番《ばん》。

⑩ きそくを（まも）る。

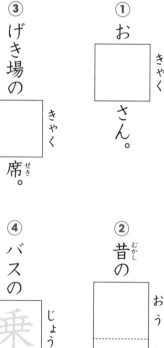

実

なりたち
もとの字は「實」。「宀(いえ)」と「毌(周の変形《へんけい》。物《もの》がいっぱいある)」と「貝(たから)」を合わせ、家をたからでいっぱいにすることを表《あらわ》す。

読み方
ジツ
み
みのる

意味
・草木のみ
・なかみ
・本当の

8画

練習
長く

❶ 「実」を書きましょう。

かきの［　］《み》。

いねが［　］《みの》る。

［事］《じ》［　］《じつ》を話す。

［　］《じつ》［力］《りょく》がつく。

❷ 読みがなを書きましょう。

かきの実がなる。（　）

いねが実る。（　）

事実を話す。（　）

実力がつく。（　）

定

なりたち
「宀(いえ)」と「疋(まっすぐすすむ)」を合わせた字。家の中で足をきちんとすることから、きちんとさだめることを表す。

読み方
テイ
ジョウ
さだめる
さだまる
(さだか)

意味
・きめる
・きまっていること

8画

練習
はらう

❶ 「定」を書きましょう。

来週の［予］《よ》［　］《てい》。

［安］《あん》［　］《てい》が悪《わる》い。（もののすわりが悪い）

ねらいを［　］《さだ》める。

三角《さんかく》［　］《じょう》規《ぎ》。

❷ 読みがなを書きましょう。

来週の予定。（　）

安定が悪いいす。（　）

ねらいを定める。（　）

三角定規《ぎ》を使《つか》う。（　）

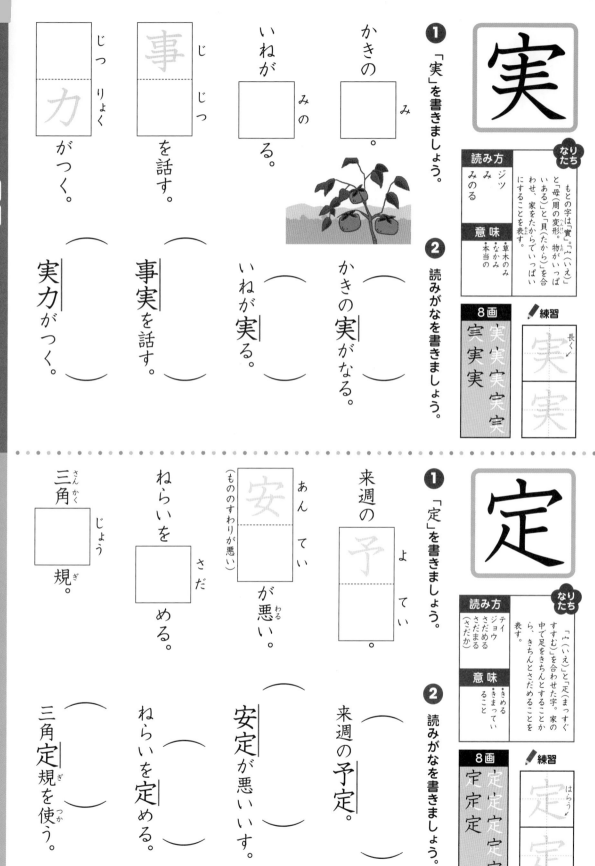

宿

なりたち
「宀(いえ)」と「イ(ひと)」と「百(ちぢむ)」を合わせた字。家で体をちぢめてねる、旅人《たびびと》のやどを表《あらわ》す。

読み方	意味
シュク やど やどる やどす	・ねとまりするところ ・前からの

11画

練習（ななめに）

1 「宿」を書きましょう。

算数の□題《しゅくだい》。

クラブの合□《がっしゅく》。（クラブで、あるきかんいっしょにねとまりすること）

古い□屋《やどや》。

雨□《あまやど》り。

2 読みがなを書きましょう。

算数の宿題。（　　）

クラブの合宿。（　　）

古い宿屋にとまる。（　　）

雨宿りをする。（　　）

寒

なりたち
「宀(やね)」と「共(両手《りょうて》で石をつむ)」と「冫(こおり)」を合わせた字。家の外に石をつんでつめたい風をふせいでいる様子《ようす》を表す。

読み方	意味
カン さむい	・さむい

12画

練習（はらう）

1 「寒」を書きましょう。

□《さむ》い朝。

はだ□《さむ》い日。

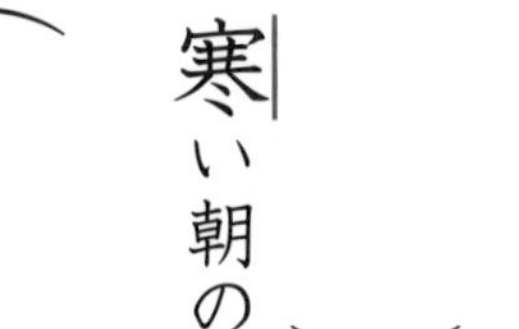

□中《かんちゅう》水泳《すいえい》。（冬のさむい間におよぐこと）

□《かん》冷《れい》地《ち》のくらし。（さむさがきびしい地方のくらし）

2 読みがなを書きましょう。

寒い朝の空気。（　　）

はだ寒い日。（　　）

寒中水泳をする。（　　）

寒冷《れい》地《ち》のくらし。（　　）

ドリル

1つ・5点

❶ ―線の漢字《かんじ》の読みがなを書きましょう。

① いねが実る。（　　）

② 算数の宿題。（　　）

③ 来週の予定。（　　）

④ 三角定規《ぎ》を使《つか》う。（　　）

⑤ はだ寒い日。（　　）

⑥ 雨宿りをする。（　　）

⑦ ねらいを定める。（　　）

⑧ クラブの合宿。（　　）

⑨ 事実を話す。（　　）

⑩ 寒中水泳《すいえい》をする。（　　）

❷ 読みがなにあう漢字を書きましょう。

① 木の［　］《み》。

② ［　　］《じつりょく》がつく。

③ ［　　］《あんてい》が悪《わる》い。

④ 来週の［予　］《よてい》。

⑤ 古い［　屋］《やどや》。

⑥ ［　　］《さむ》い朝。

⑦ ［　題］《しゅくだい》。

⑧ いねが［　　］《みの》る。

⑨ ［　］《かん》冷地《れいち》。

⑩ ねらいを［　　］《さだ》める。

まとめドリル

□点
1つ・5点

❶ 読みがなにあう漢字《かんじ》を書きましょう。

① 買い物《もの》□《きゃく》。
② 赤い木の□《み》。
③ □《に》物《もつ》を運《はこ》ぶ。
④ 国語の□《しゅく》題《だい》。
⑤ 留《る》□《す》にする。
⑥ □《やく》品《ひん》を使《つか》う。
⑦ □《しゅ》備《び》につく。
⑧ 文章《ぶんしょう》のだん□《らく》。
⑨ 三角□《じょう》規《ぎ》。
⑩ 大きな□《きゅう》でん。

❷ 読みがなにあう漢字を書きましょう。

① 山の□□《あおば》。
② □□《じつりょく》がつく。
③ □□《かんちゅう》水泳《すいえい》。
④ □□《らくよう》する木。

❸ 次《つぎ》のことばを漢字と送《おく》りがなで〔　〕に書きましょう。

① 〔　　〕《にがい》味《あじ》。
② いねが〔　　〕《みのる》。
③ 〔　　〕《やすい》本。
④ 実《み》が〔　　〕《おちる》。
⑤ 息《いき》が〔　　〕《くるしい》。
⑥ きまりを〔　　〕《さだめる》。

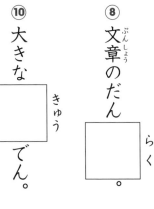

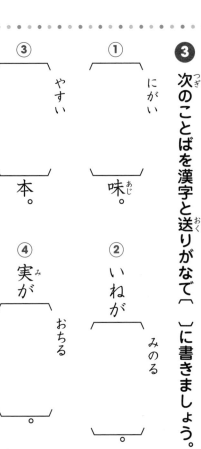

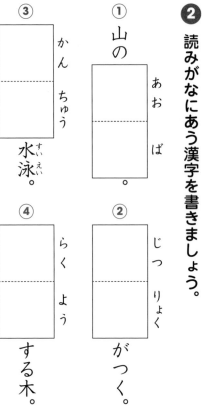

3 「竹《たけ》・⺮《たけかんむり》」のつく漢字《かんじ》

笛・第・等・筆・箱

竹

なりたち

「竹《たけ》(⺮《たけかんむり》)」は、二本のたけが生えている様子《ようす》をえがいた字です。

「⺮」のつく漢《かん》字《じ》には、竹で作ったものや、竹のせいしつに関係《かんけい》するものが多くあります。

※○数字は習う学年

漢字	おもな読み方
竹①	チク たけ
答②	トウ こたえる こたえ
算②	サン —

漢字	おもな読み方
第③	ダイ —
笛③	テキ ふえ
等③	トウ ひとしい
筆③	ヒツ ふで
箱③	— はこ
笑④	(ショウ) わらう (えむ)
節④	セツ (セチ) ふし
管④	カン くだ

笛

読み方	なりたち
テキ ふえ	「竹(たけ)」と「由(…を通って出る)」とを合わせた字。竹のつつから息《いき》をふき出して鳴《な》らすふえを表《あらわ》す。
意味	
・ふえ(音を出すどうぐ)	

11画

笛 笛 笛 笛 笛 笛 笛 笛 笛 笛 笛

練習

笛 つき出す

笛

1 「笛」を書きましょう。

[　　]《ふえ》の音《ね》。

口[　　]《くちぶえ》をふく。

汽[　　]《きてき》が鳴る。

車のけい[　　]《てき》。

2 読みがなを書きましょう。

美《うつく》しい笛(　　)の音。

口笛(　　)をふく。

汽笛(　　)が鳴る。

車のけい笛(　　)。

第

なりたち
「竹（たけ）」と「弟（ぼうのひくいところに、しるしをつける）」を合わせた字。階《かい》だんのようにならんでいる様子《ようす》を表《あらわ》す。

読み方	意味
ダイ	・じゅんじょをあらわすことば

練習
第（おる・はねる）
第

11画

1「第」を書きましょう。

だい□一回《いっかい》。
だい□三位《さんい》。
だい□二走者《にそうしゃ》。

2 読みがなを書きましょう。

第一回大会。（　　）
第三位《い》の人。（　　）
第二走者が走る。（　　）

等

なりたち
「竹（たけのふだ）」と「寺（手や足で仕事《しごと》をする）」を合わせた字。竹のふだを同じ長さにととのえることを表す。

読み方	意味
トウ ひとしい	・同じである ・ものごとのじゅん

練習
等（長く）
等

12画

1「等」を書きましょう。

一《いっ》とう□。
長さがひと□しい。
じょうとう上□。

2 読みがなを書きましょう。

一等になる。（　　）
上等な服《ふく》。（　　）
長さが等しい。（　　）

「寺」のつく漢字《かんじ》

上の「等」は、「⺮」と「寺」でできていますが、このような組み合わせで「寺」のつく漢字《かんじ》には、次《つぎ》のようなものがあります。

寺　ジ　てら

時　ジ　とき

待　タイ　まつ

持　ジ　もつ

詩　シ
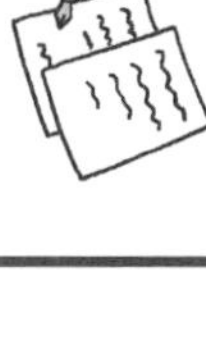

等　トウ　ひとしい

特　トク

筆

なりたち
「竹（たけ）」と「聿（ふでで字をかく様子《ようす》）」を合わせた字。竹のえをつけたふでを表《あらわ》す。

読み方	意味
ヒツ ふで	・ふで ・絵や字をかく

12画

練習
長く

❶ 「筆」を書きましょう。

□《ふで》でぬる。

□《ふで》□《ばこ》（箱）にしまう。

えん□《ぴっ》で書く。

□《ひっ》□《き》（記）用具《ようぐ》。

❷ 読みがなを書きましょう。

筆（　　）でぬる。

筆箱（　　）にしまう。

えん筆（　　）で書く。

筆記（　　）用具を出す。

箱

なりたち
「竹（たけ）」と「相（両《りょう》がわから向《む》かい合う）」を合わせた字。もとは車の両がわにとりつけた竹でできたはこを表した。

読み方	意味
はこ ―	・入れもの ・はこ

15画

練習
とめる

❶ 「箱」を書きましょう。

木の□《はこ》。

□《はこ》の中身《なかみ》。

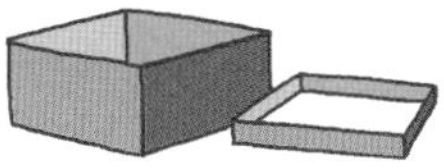

□《ほん》（本）□《ばこ》の整理《せいり》。

□《くすり》（薬）□《ばこ》。

❷ 読みがなを書きましょう。

木の箱（　　）。

箱（　　）の中身。

本箱（　　）の整理をする。

薬箱（　　）を持《も》ってくる。

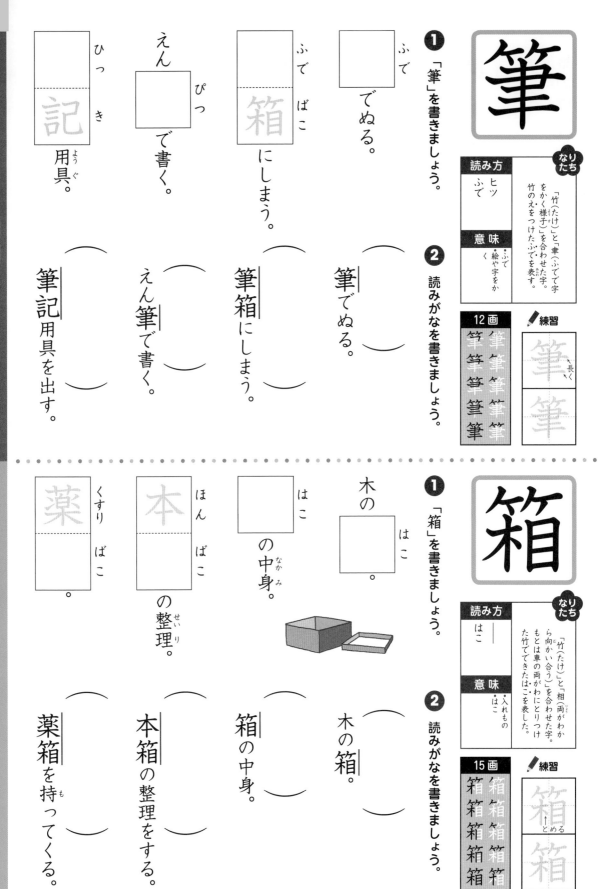

ドリル

点
1つ・5点

❶ ―線の漢字《かんじ》の読みがなを書きましょう。

① 木の箱。（　　）

② 口笛をふく。（　　）

③ 長さが等しい。（　　）

④ 一《いっ》等になる。（　　）

⑤ 箱の中身《なかみ》。（　　）

⑥ 汽笛を鳴らす。（　　）

⑦ 第二走者《にそうしゃ》。（　　）

⑧ 本箱の整理《せいり》。（　　）

⑨ 車のけい笛。（　　）

⑩ 筆記用具《ようぐ》を出す。（　　）

❷ 読みがなにあう漢字を書きましょう。

① □（ふえ）の音《ね》。

② □□（ふでばこ）の中身。

③ □（だい）一回《いっかい》。

④ □□（じょうとう）な服《ふく》。

⑤ □（ふで）でぬる。

⑥ □□（きてき）が鳴る。

⑦ えん□（ぴつ）。

⑧ □□（くすりばこ）を出す。

⑨ □（だい）三位《さんい》。

⑩ 長さが〔　（ひと）しい〕。

4 「人《ひと》・イ《にんべん》・𠆢《ひとやね》」のつく漢字《かんじ》

代・仕・他・係・住・使・倍・全

人

なりたち

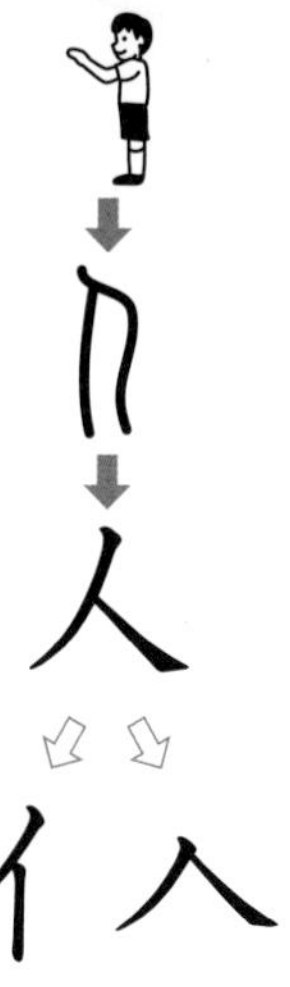

「人《ひと》」は、立っているひとのすがたを横《よこ》からえがいた字です。また、「イ《にんべん》・𠆢《ひとやね》」は、「人」の変化《へんか》した形です。

「イ・𠆢」のつく漢字《かんじ》には、人の動作《どうさ》や様子《ようす》に関係《かんけい》のあるものが多くあります。

※○数字は習う学年

漢字	おもな読み方
人①	ジン ニン ひと
休①	キュウ やすむ
今②	コン (キン) いま
会②	カイ (エ) あう
何②	(カ) なに なん
作②	サク サ つくる
体②	タイ (テイ) からだ
仕③	シ (ジ) つかえる
他③	タ ほか
代③	ダイ・タイ かわる よ・(しろ)
全③	ゼン まったく すべて
住③	ジュウ すむ すまう
使③	シ つかう
係③	ケイ かかる かかり
倍③	バイ ―

(化→136ページ)
(命→65ページ)

代

読み方	なりたち
ダイ タイ かわる かえる よ・(しろ)	「イ(ひと)」と「弋(ねじれる)」を合わせた字で、ねじれるように、人がたがいちがいにいれかわることを表《あらわ》す。

意味
•かわりになる •引きつぐ •ねだん •時だい

5画 代代代代代

練習 代 はねる

❶ 「代」を書きましょう。

学級《がっきゅう》の□《だい》表《ひょう》。

千《ち》□《よ》紙《がみ》。

当番を交《こう》□《たい》する。

父の□《か》わり。

❷ 読みがなを書きましょう。

学級の代表になる。（　　）

千代紙をおる。（　　）

当番を交代する。（　　）

父の代わりに行く。（　　）

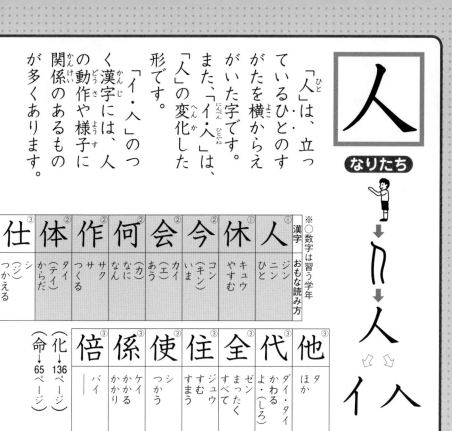

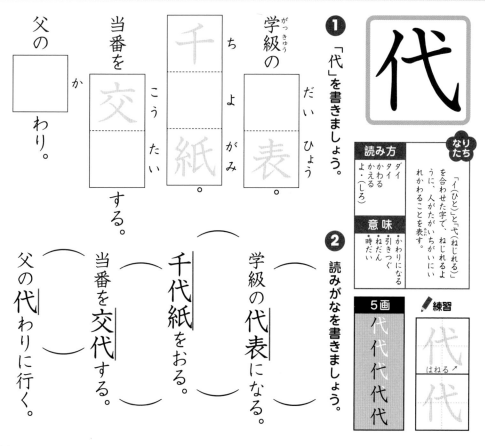

仕

なりたち 「イ（ひと）」と「士（まっすぐ立つ）」を合わせた字。立ってしごとにつかえることを表す。

5画 仕 仕 仕 仕 仕

練習 仕 仕（みじかく）

読み方 シ （ジ） つかえる

意味 •つとめる、つかえる •あることをする

❶「仕」を書きましょう。

□事《しごと》。 □組《しく》み。

王様《おうさま》に□《つか》える。

❷ 読みがなを書きましょう。

父の仕事。（　　） 時計《とけい》の仕組み。（　　）

王様に仕える。（　　）

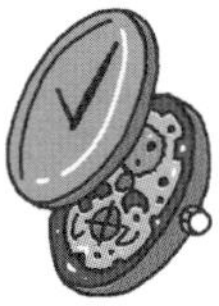

他

なりたち 「イ（ひと）」と「也（あぶないへび）」を合わせた字。あぶないことはないか人にたずねたことから、よその意味を表す。

5画 他 他 他 他 他

練習 他（はねる） 他

読み方 タ ほか

意味 •ほかの人やもの

❶「他」を書きましょう。

その□《た》。 □《ほか》の場所《ばしょ》。

□人《たにん》のうわさ。

❷ 読みがなを書きましょう。

その他。（　　） 他の場所《ばしょ》。（　　）

他人のうわさ。（　　）

係

なりたち 「イ（ひと）」と「系（糸をつなげる）」を合わせた字。人とつながりのあることやかかりを表す。

9画 係 係 係 係 係 係 係 係 係

練習 係（右から） 係

読み方 ケイ かかる かかり

意味 •しごとなどをうけもつ人

❶「係」を書きましょう。

□《かかり》の人。 関《かん》□《けい》がある。

ことばの□《かか》り方。

❷ 読みがなを書きましょう。

係の人。（　　） 関《かん》係がある。（　　）

ことばの係り方。（　　）

ドリル

点

1つ・5点

1 ―線の漢字《かんじ》の読みがなを書きましょう。

① 他の場所《ばしょ》。（　　）

② 学級《がっきゅう》の代表。（　　）

③ 代わりの人。（　　）

④ 時計《とけい》の仕組み。（　　）

⑤ 学級の係。（　　）

⑥ 当番を交代する。（　　）

⑦ 王様《おうさま》に仕える。（　　）

⑧ ことばの係り方。（　　）

⑨ 父の仕事。（　　）

⑩ 千代紙をおる。（　　）

2 読みがなにあう漢字を書きましょう。

① □表《だいひょう》の人。

② □□《たにん》のうわさ。

③ 関《かん》□《けい》がある。

④ 当番の□□《こうたい》。

⑤ □事《しごと》。

⑥ ことばの［　］《かか》り方。

⑦ その□《た》。

⑧ 父の［　］《か》わり。

⑨ □《かかり》の人。

⑩ 王様に［　］《つか》える。

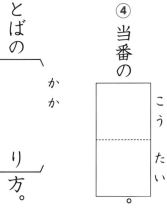

住

なりたち
「イ(ひと)」と「主(同じ所《ところ》にじっと立つ)」を合わせた字。人がひと所でとどまってすむことを表《あらわ》す。

読み方
ジュウ
すむ
すまう

意味
•生活をする
•生活をするところ

7画
住 住 住 住 住 住 住

練習
住 長く
住

❶「住」を書きましょう。

都会《とかい》に［　］《す》む。

大きな［　］《す》まい。

［　］［所］《じゅうしょ》を書く。

しずかな［　］《じゅう》たく地。

❷ 読みがなを書きましょう。

都会に住む。（　　）

大きな住まい。（　　）

住所を書く。（　　）

しずかな住たく地。（　　）

使

なりたち
「イ(ひと)」と「吏(役人《やくにん》が竹ぼうの入ったつつをもつ)」を合わせた字。人に仕事をさせることから、つかう・つかいという意味《いみ》を表す。

読み方
シ
つかう

意味
•つかう
•つかいの人

8画
使 使 使 使 使 使 使 使

練習
使 はらう
使

❶「使」を書きましょう。

はさみを［　］《つか》う。

お金を［　］《つか》いはたす。

［　］［用］《しよう》中《ちゅう》の教室。

外国の［　］［者］《ししゃ》。

❷ 読みがなを書きましょう。

はさみを使う。（　　）

お金を使いはたす。（　　）

使用中の教室。（　　）

外国の使者。（　　）

倍

なりたち
「イ（ひと）」と「音（二つに切りはなす）」を合わせた字。二つに切ると数が二ばいになることを表《あらわ》す。

読み方
バイ

意味
●もとの数にある数をかける

10画
倍倍倍倍倍倍倍倍倍倍

練習
倍 倍（長く）

1 「倍」を書きましょう。

ばい
□の数。

二《に》 ばい
□。

なん ばい
□□もの長さ。

2 読みがなを書きましょう。

倍の数。（　　）

二倍になる。（　　）

何倍もの長さ。（　　）

全

なりたち
「亼（集《あつ》める）」と「工（作ったもの）」を合わせた字で、作ったものをぜんぶ集めることを表す。

読み方
ゼン
まったく
すべて

意味
●かけていない
●そろっている

6画
全全全全全全

練習
全 全（長く）

1 「全」を書きましょう。

あん ぜん
安□。

まった
□く知らない。

すべ
□ての人。

2 読みがなを書きましょう。

安全な場所《ばしょ》。（　　）

全ての人。（　　）

全く知らない。（　　）

「也」のつく漢字《かんじ》

「他」のように、「也」のつく漢字《かんじ》には、「地・池」があります。

他 タ ほか

地 チ・ジ

池 チ いけ

漢字《かんじ》の音《おん》とくん

漢字《かんじ》は、昔《むかし》、中国からつたえられました。中国で使《つか》われていた読み方が「音《おん》」です。日本にもともとあったことばを漢字《かんじ》に当てはめた読み方が「くん」です。

ドリル

点

1つ・5点

1 ―線の漢字《かんじ》の読みがなを書きましょう。

① 全ての人。（　　）

② お金を使いはたす。（　　）

③ 都会《とかい》に住む。（　　）

④ 天使のすがた。（　　）

⑤ 二《に》倍になる。（　　）

⑥ 住所を書く。（　　）

⑦ 全く知らない。（　　）

⑧ 使用中《ちゅう》の教室。（　　）

⑨ 安全な場《ば》所《しょ》。（　　）

⑩ 何倍もの長さ。（　　）

2 読みがなにあう漢字を書きましょう。

① □《ばい》の数。

② □□《しよう》中。

③ 外国の□者《ししゃ》。

④ □□《ぜんこく》の天気。

⑤ □《じゅう》たく地。

⑥ 大きな［　］《す》まい。

⑦ □□《あんぜん》。

⑧ はさみを［　］《つか》う。

⑨ □所《じゅうしょ》。

⑩ ［　］《まった》く知らない。

5 「木《き》・木《きへん》」のつく漢字《かんじ》

板・柱・根・植・業・様・横・橋

木

なりたち

「木《き》(木《きへん》)」は、立っているきの様子《ようす》をえがいた字です。

「木」のつく漢《かん》字《じ》には、木の部《ぶ》分《ぶん》を表《あらわ》すものや、木で作ったものに関係《かんけい》するものが多くあります。

※○数字は習う学年

漢字	おもな読み方
木①	ボク　モク　き・こ
本①	ホン　もと
村①	ソン　むら
林①	リン　はやし
校①	コウ　―
森①	シン　もり
来②	ライ　くる　(きたる)
東②	トウ　ひがし
楽②	ガク　ラク　たのしい

漢字	おもな読み方
板③	ハン　バン　いた
柱③	チュウ　はしら
根③	コン　ね
植③	ショク　うえる　うわる
業③	ギョウ　(ゴウ)　(わざ)
様③	ヨウ　さま
横③	オウ　よこ
橋③	キョウ　はし

(相→81ページ)
(集→132ページ)

板

読み方
ハン
バン
いた

意味
・いた
・うすくてひらたいもの

なりたち
「木(き)」と「反(そり返《かえ》る)」を合わせた字で、そり返るようなうすく平《たい》らないたを表《あらわ》す。

8画
板 板 板 板 板 板 板 板

練習
板 (はらう) 板

1 「板」を書きましょう。

いた
□の間《ま》。

ゆか いた
□の木。

こく ばん
黒□の字。

てっ ぱん
鉄□でやく。

2 読みがなを書きましょう。

板（　　）の間。

ゆか板（　　）の木。

黒板（　　）の字を消《け》す。

鉄板（　　）でやく。

柱

読み方	なりたち
チュウ はしら	「木(き)」と「主(じっと立つ)」を合わせた字で、動《うご》かずにじっと立っているはしらを表《あらわ》す。
意味	
•はしら •細長くまっすぐに立っているもの	

9画 柱柱柱柱柱柱柱柱柱

練習 柱 柱（長く）

1 「柱」を書きましょう。

はしら□を立てる。

はしら□時計《どけい》。

ひ火ばしら□。

でん電ちゅう□。

2 読みがなを書きましょう。

柱（　）を立てる。

柱（　）時計が鳴る。

火柱（　）が見える。

角の電柱（　）。

根

読み方	なりたち
コン ね	「木(き)」と「艮(入れずみをする)」を合わせた字。いつまでものこっている、木のねを表す。
意味	
•草木のね •つづく気力	

10画 根根根根根根根根根根

練習 根 根（右から）

1 「根」を書きましょう。

木のね□。

赤い屋や□ね。

花の球きゅう□こん。

こん□気きよく行う。

2 読みがなを書きましょう。

木の根（　）がはる。

赤い屋根（　）の家。

花の球根（　）。

根気（　）よく行う。

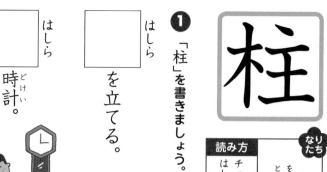

植

なりたち
「木(き)」と「直(まっすぐ)」を合わせた字。木をまっすぐに立ててうえることを表《あらわ》す。

読み方
ショク
うえる
うわる

意味
•草木をうえる
•草や木

12画

練習

❶ 「植」を書きましょう。

木を□《う》える。

田《た》□《う》え。

□《しょく》物《ぶつ》図かん。

□《しょく》林《りん》。

❷ 読みがなを書きましょう。

木を植える。（　）

田植えの時期《じき》。（　）

植物図かん。（　）

山に植林する。（　）

漢字《かんじ》の読み方がわかる!?

「板」には「ハン」という読み方があります。これは、漢字《かんじ》の右の部分《ぶぶん》の「反」に「ハン」という読み方があるからです。では、次《つぎ》の漢字を見てみましょう。

飯
ご飯

版
版画

読み方がわかりましたか。「飯」は四年生で、「版」は五年生で習《なら》う漢字ですが、どちらも、「ハン」と読むことができます。

このような漢字は、ほかにも多くあります。本や新聞を見たとき、知らない漢字、習っていない漢字だからといって、そこで読むのをやめてしまわないで、読み方を考えてみましょう。

ドリル

点
1つ・5点

❶ ―線の漢字《かんじ》の読みがなを書きましょう。

①（　　）ゆか板をふく。

②（　　）夏の植物。

③（　　）根がはる。

④（　　）角の電柱。

⑤（　　）根気よく行う。

⑥（　　）田植えの時期《じき》。

⑦（　　）黒板に書く。

⑧（　　）花の球根。

⑨（　　）柱時計《どけい》が鳴る。

⑩（　　）鉄板でやく。

❷ 読みがなにあう漢字を書きましょう。

① 木の［　］《ね》。

② ［　｜　］《ひばしら》が立つ。

③ 家の［　］《はしら》。

④ ［　｜物］《しょくぶつ》図かん。

⑤ ［　］《いた》の間。

⑥ ［　｜　］《こんき》がある。

⑦ 赤い［屋｜　］《やね》。

⑧ 角の［　｜　］《でんちゅう》。

⑨ ［　｜　］《こくばん》の字。

⑩ 木を（　　）《う》える。

業

なりたち
重《おも》い楽器《がっき》をささえるための台の形をえがいた字。生活をささえるための仕事《しごと》を表《あらわ》す。

読み方
ギョウ
（ゴウ）
（わざ）

意味
•しごとやつとめ

13画

練習　はらう

❶ 「業」を書きましょう。

国語のじゅ［ぎょう］。

楽な［さ］［ぎょう］。

［こう］［ぎょう］地帯《ちたい》。

卒《そつ》［ぎょう］式《しき》。

❷ 読みがなを書きましょう。

国語のじゅ業（　　）。

楽な作業（　　）。

工業（　　）地帯《ちたい》。

兄の卒《そつ》業（　　）式《しき》。

様

なりたち
「木（き）」と「羕（りっぱな羊《ひつじ》のように大きくのびる）」を合わせた字。りっぱにのびた木のことから、すがた形やようすを表す。

読み方
ヨウ
さま

意味
•ありさま
•人の名前の後につけることば

14画

練習　つき出さない

❶ 「様」を書きましょう。

［おう］［さま］の服《ふく》。

［かみ］［さま］。

町の［よう］［す］。

日本［よう］［しき］。

❷ 読みがなを書きましょう。

王様（　　）の服。

神様（　　）にいのる。

町の様子（　　）がかわる。

日本様式（　　）の建物《たてもの》。

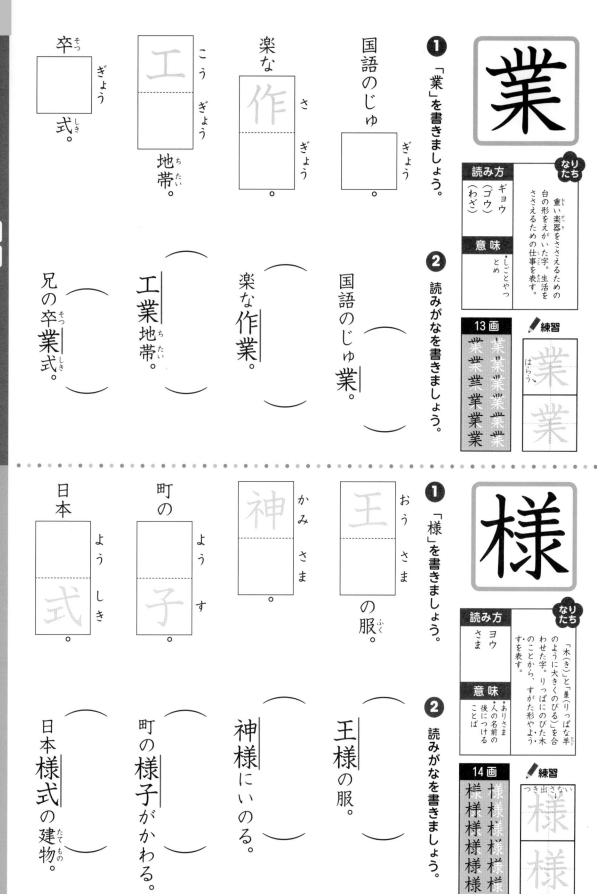

横

なりたち
「木(き)」と「黄(きいろい光が広がる様子《ようす》)」を合わせた字。光が広がるようにえだが、みきからよこに出て広がることを表《あらわ》す。

読み方
オウ
よこ

意味
・左右の方こう
・左右の長さ

15画

練習
とめる

❶「横」を書きましょう。

よこ□を見る。
よこ□道《みち》。
よこ□顔《がお》を見る。
おう□だん歩道。

❷ 読みがなを書きましょう。

（　）横を見る。
（　）横道に入る。
（　）横顔を見る。
（　）横だん歩道。

橋

なりたち
「木(き)」と「喬(てっぺんが弓なりに曲がっている高い建物《たてもの》)」を合わせた字。高く弓なりに曲がる木のはしを表す。

読み方
キョウ
はし

意味
・はし

16画

練習
右から

❶「橋」を書きましょう。

はし□をわたる。
つり□《ばし》。

駅前《えきまえ》の歩道《ほどう》□《きょう》。
長い鉄《てっ》□《きょう》。

❷ 読みがなを書きましょう。

（　）橋をわたる。
谷にかかるつり（　）橋。
駅前の歩道（　）橋。
長い（　）鉄橋。

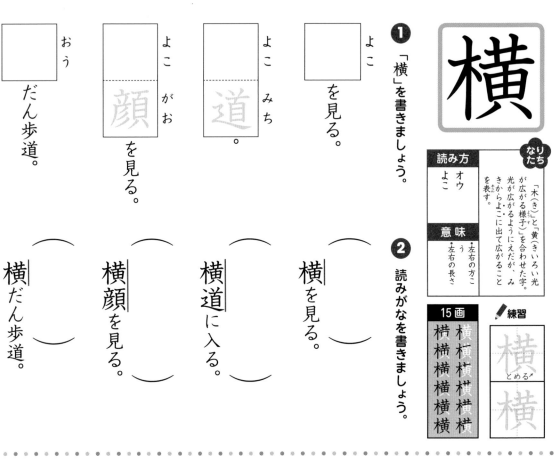

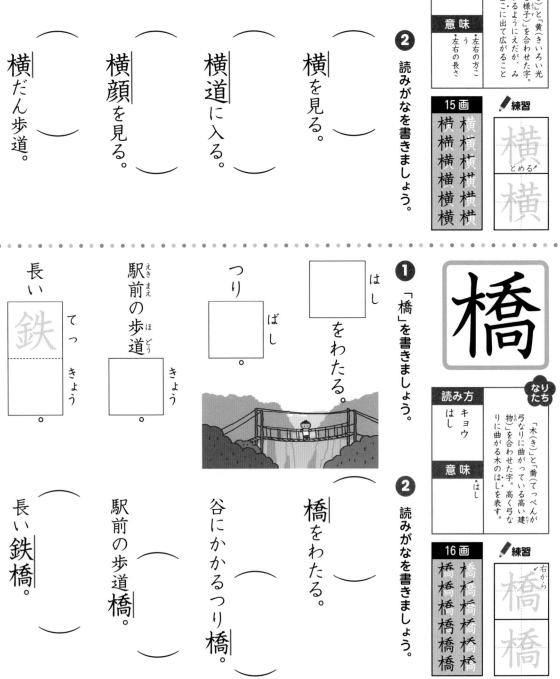

ドリル

1つ・5点

点

1 ―線の漢字《かんじ》の読みがなを書きましょう。

① 国語のじゅ業。（　　）

② 教室の様子。（　　）

③ 神様にいのる。（　　）

④ 横道に入る。（　　）

⑤ 工業地帯《ちたい》。（　　）

⑥ 駅前《えきまえ》の歩道《ほどう》橋。（　　）

⑦ 横だん歩道。（　　）

⑧ 日本様式の建物《たてもの》。（　　）

⑨ 谷のつり橋。（　　）

⑩ 卒《そつ》業式《しき》の日。（　　）

2 読みがなにあう漢字を書きましょう。

① □□《よこ》を見る。

② 長い鉄□《てっきょう》。

③ 神□《かみさま》。

④ 算数のじゅ□《ぎょう》。

⑤ □《はし》をわたる。

⑥ □□《おうさま》の服《ふく》。

⑦ □□《よこがお》。

⑧ 町の□□《ようす》。

⑨ □《おう》だん歩道。

⑩ 楽な□□《さぎょう》。

まとめドリル

点

1つ・5点

❶ 読みがなにあう漢字《かんじ》を書きましょう。

① □《だい》一回大会。

② □《じゅう》たく地。

③ 木の□《ね》がはる。

④ □《ばい》の大きさ。

⑤ ゆか□《いた》。

⑥ 車のけい□《てき》。

⑦ □《ほか》の人。

⑧ 関《かん》□《けい》がある。

⑨ 歩道□《きょう》。

⑩ □《おう》だん歩道。

❷ 読みがなにあう漢字を書きましょう。

① □□《ふでばこ》。

② □□《こうぎょう》地いき。

③ 高い□□《でんちゅう》。

④ 場面《ばめん》の□□《ようす》。

❸ 次《つぎ》のことばを漢字と送《おく》りがなで〔　〕に書きましょう。

① 木を〔　　〕《うえる》。

② 〔　　〕《まったく》ちがう。

③ 〔　　〕《かわり》の人。

④ 〔　　〕《ひとしい》長さ。

⑤ 車を〔　　〕《つかう》。

⑥ 王様《おうさま》に〔　　〕《つかえる》。

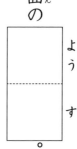

6 「手《て》・扌《てへん》」のつく漢字《かんじ》

打・投・拾・指・持

手

なりたち

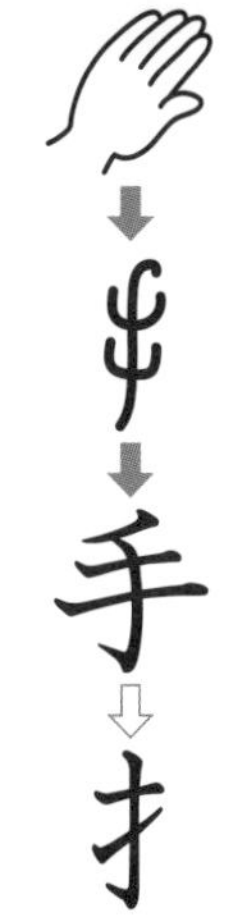

「手《て》」は、ての形をえがいた字です。また、「扌《てへん》」は、「手」の変化《へんか》した形です。

「手」や「扌」のつく漢字《かんじ》には、手の動《うご》きやはたらきに関係《かんけい》するものが多くあります。

※○数字は習う学年

漢字	おもな読み方
手①	シュ て （た）
才②	サイ ―
打③	ダ うつ
投③	トウ なげる
指③	シ ゆび さす
持③	ジ もつ
拾③	（シュウ） （ジュウ） ひろう
折④	セツ おる おり
挙④	キョ あげる あがる

打

読み方
ダ
うつ

意味
・たたく
・うつ

なりたち
「扌（て）」と「丁（くぎ）」を合わせた字で、くぎをトントンとうつ様子《ようす》を表《あらわ》す。

5画
打 打 打 打 打

練習
打 打 （はねる）

❶ 「打」を書きましょう。

ボールを□《う》つ。

□《う》ち身《み》。（ぶつけたとき、ひふの下にできるきず）

次《つぎ》の□《だ》者《しゃ》。

□《だ》楽器《がっき》。

❷ 読みがなを書きましょう。

ボールを打つ。（　　）

打ち身ができる。（　　）

次の打者。（　　）

打楽器《がっき》を使《つか》う。（　　）

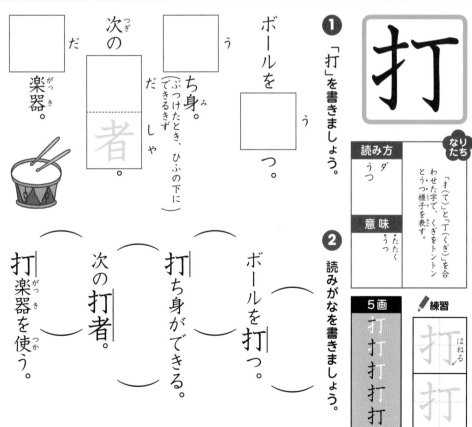

投

なりたち
「扌(て)」と「殳(ほこを手に持つ)」を合わせた字で、かりなどでほこをなげることを表す。

7画	練習	読み方	意味
投投投投投投投	投 投（はねる↓）	トウ／なげる	•手でものをほうる •なげる

1 「投」を書きましょう。

石を□《な》げる。わ□《な》げ。

野球《やきゅう》の□□《とうしゅ》（手）。

2 読みがなを書きましょう。

石を投げる。（　　）

わ投げ。（　　）

野球の投手。（　　）

拾

なりたち
「扌(て)」と「合(集《あつ》める)」を合わせた字で、ちらばっているものを手でひろい集めることを表す。

9画	練習	読み方	意味
拾拾拾拾拾拾拾拾拾	拾 拾	(シュウ)(ジュウ)／ひろう	•ひろう •とり上げる

1 「拾」を書きましょう。

貝を□《ひろ》う。くり□《ひろ》い。

葉《は》を□《ひろ》い集《あつ》める。

2 読みがなを書きましょう。

貝を拾う。（　　）

くり拾い。（　　）

葉を拾い集める。（　　）

手の動《うご》きを表《あらわ》す漢字《かんじ》

「扌」のつく漢字《かんじ》は、手の動《うご》きを表《あらわ》すものが多くあります。

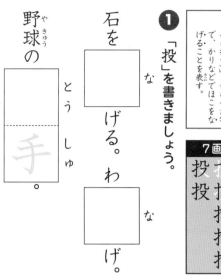

指

なりたち
「扌(て)」と「旨(まっすぐなぼう)」を合わせた字で、まっすぐなゆびを表《あらわ》す。

読み方	意味
シ ゆび さす	•ゆび •方こうや目ひょうをしめす

9画 指指指指指指指指指

練習 はねる

❶ 「指」を書きましょう。

□《ゆび》ではじく。

親《おや》□《ゆび》。

□《さ》ししめす。

□《し》名《めい》する。

❷ 読みがなを書きましょう。

指（　　）ではじく。

親指（　　）のつめ。

図を指（　　）ししめす。

先生が指名（　　）する。

持

なりたち
「扌(て)」と「寺(じっと止める)」を合わせた字。手にじっととどめるように、物《もの》をもつことを表す。

読み方	意味
ジ もつ	•手にとる •もちこたえる

9画 持持持持持持持持持

練習 長く

❶ 「持」を書きましょう。

手に□《も》つ。

気《き》□《も》ち。

受《う》け□《も》ち。

所《しょ》□《じ》品《ひん》。

❷ 読みがなを書きましょう。

本を手に持（　　）つ。

うれしい気持（　　）ち。

受け持（　　）ちの先生。

所持（　　）品《ひん》を出す。

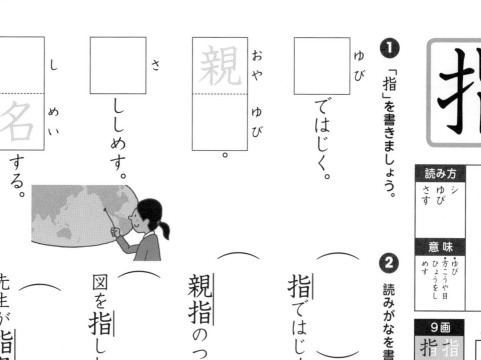

ドリル

□点

1つ・5点

❶ —線の漢字《かんじ》の読みがなを書きましょう。

① （　　）わ投げをする。

② （　　）親指のつめ。

③ （　　）打ち身《み》ができる。

④ （　　）次《つぎ》の打者。

⑤ （　　）受《う》け持ちの先生。

⑥ （　　）野球《やきゅう》の投手。

⑦ （　　）葉《は》を拾い集《あつ》める。

⑧ （　　）うれしい気持ち。

⑨ （　　）指ではじく。

⑩ （　　）先生が指名する。

❷ 読みがなにあう漢字を書きましょう。

① □（ゆび）ではじく。

② ボールを（う）つ。

③ □□（だしゃ）者。

④ 図を（さ）ししめす。

⑤ □□（とうしゅ）。

⑥ 手に（も）つ。

⑦ □□（しょじ）所　品《ひん》。

⑧ 貝を（ひろ）う。

⑨ □（だ）楽器《がっき》。

⑩ 石を（な）げる。

7 「水《みず》・氵《さんずい》」のつく漢字《かんじ》

氷・決・泳・注・波・油・洋・消・流・深・温・湖・港・湯・漢

水

なりたち

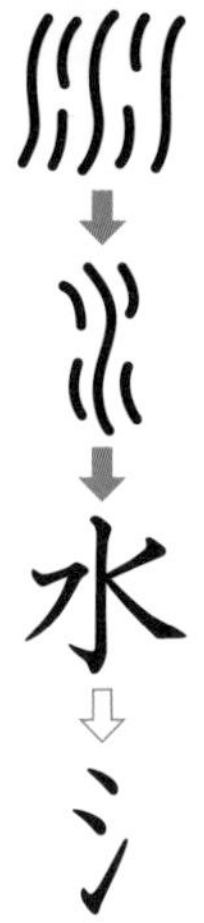

「水《みず》」は、みず・・が流《なが》れる様子《ようす》をえがいた字です。また、「氵《さんずい》」は、「水」の変化《へんか》した形です。

「水」や「氵」のつく漢字《かんじ》には、水やえき体に関《かん》係《けい》するものが多くあります。

※○数字は習う学年

漢字	水①	池②	汽②	海②	活②	氷③	決③	泳③	注③	波③
おもな読み方	スイ みず	チ いけ	キ ―	カイ うみ	カツ ―	ヒョウ こおり (ひ)	ケツ きめる きまる	エイ およぐ	チュウ そそぐ	ハ なみ

油③	洋③	消③	流③	深③	温③	湖③	港③	湯③	漢③
ユ あぶら	ヨウ ―	ショウ きえる けす	リュウ・(ル) ながれる ながす	シン ふかい ふかまる	オン あたたかい	コ みずうみ	コウ みなと	トウ ゆ	カン ―

（酒→122ページ）

氷

なりたち

もとの字は「冰」で、「冫（こおりのわれ目）」と「水」を合わせ、水がこおってできるひびわれを表《あらわ》す。

読み方

ヒョウ
こおり
(ひ)

意味

・こおり
・水がひえてかたまる

5画

氷 氷 氷 氷 氷

練習

氷 右から

氷

❶ 「氷」を書きましょう。

つめたい［　　］。（こおり）

かき［　　］。（ごおり）

ひょう ざん
［　］山。

りゅう ひょう
流［　］。

❷ 読みがなを書きましょう。

つめたい氷（　　）。

かき氷（　　）を食べる。

南極《なんきょく》の氷山（　　）。

流氷（　　）を見る。

決

なりたち
「氵(みず)」と「夬(コの形にえぐる)」を合わせた字。ていぼうが大水でえぐられて水がどっと流《なが》れることを表《あらわ》す。

読み方
ケツ
きめる
きまる

意味
・思いきる
・きめる
・とりきめ

7画
決 決 決 決 決 決 決

練習
決（出す）
決

1 「決」を書きましょう。

委員《いいん》を□《き》める。

日時が□《き》まる。

□心《けっしん》する。

□定《けってい》する。

2 読みがなを書きましょう。

委員を決める。（　）

日時が決まる。（　）

強く決心する。（　）

会で決定する。（　）

泳

なりたち
「氵(みず)」と「永(水のながれがほそ長くのびる)」を合わせた字。長く水にうかぶようにおよぐことを表す。

読み方
エイ
およぐ

意味
・水の中をすすむ
・およぐ

8画
泳 泳 泳 泳 泳 泳 泳 泳

練習
泳（わすれずに）
泳

1 「泳」を書きましょう。

海で□《およ》ぐ。

魚の□《およ》ぎ方。

水□《すいえい》の選手《せんしゅ》。

遊□《ゆうえい》きん止。

2 読みがなを書きましょう。

海で泳ぐ。（　）

魚の泳ぎ方。（　）

水泳の選手《せんしゅ》。（　）

遊泳きん止。（　）

注

なりたち
「氵（みず）」と「主（ろうそくの火がじっと立つ様子《ようす》）」を合わせた字。水を上からじっとそそぐことを表《あらわ》す。

読み方
チュウ
そそぐ

意味
•ながれこむ、そそぐ
•集中《しゅうちゅう》する

8画

注注注注注注注注

練習

つき出さない

注 注

❶ 「注」を書きましょう。

先生の［　］《ちゅう》［意］《い》。

［　］《ちゅう》［目］《もく》を集《あつ》める。

お湯《ゆ》を［　］《そそ》ぐ。

［　］《そそ》ぎロ。

❷ 読みがなを書きましょう。

先生の注意。（　　）

絵に注目する。（　　）

お湯を注ぐ。（　　）

入れ物《もの》の注ぎロ。（　　）

波

なりたち
「氵（みず）」と「皮（けがわをななめに引きよせる）」を合わせた字。ななめになってかぶさるようになるなみを表す。

読み方
ハ
なみ

意味
•なみ
•なみのようなもの

8画

波波波波波波波波

練習

まっすぐ

波 波

❶ 「波」を書きましょう。

［　］《なみ》がよせる。

［大］《おお》［　］《なみ》。

［　］《は》もんが広がる。

［電］《でん》［　］《ぱ》。

❷ 読みがなを書きましょう。

波がよせる。（　　）

大波のしぶき。（　　）

波もんが広がる。（　　）

外国からの電波。（　　）

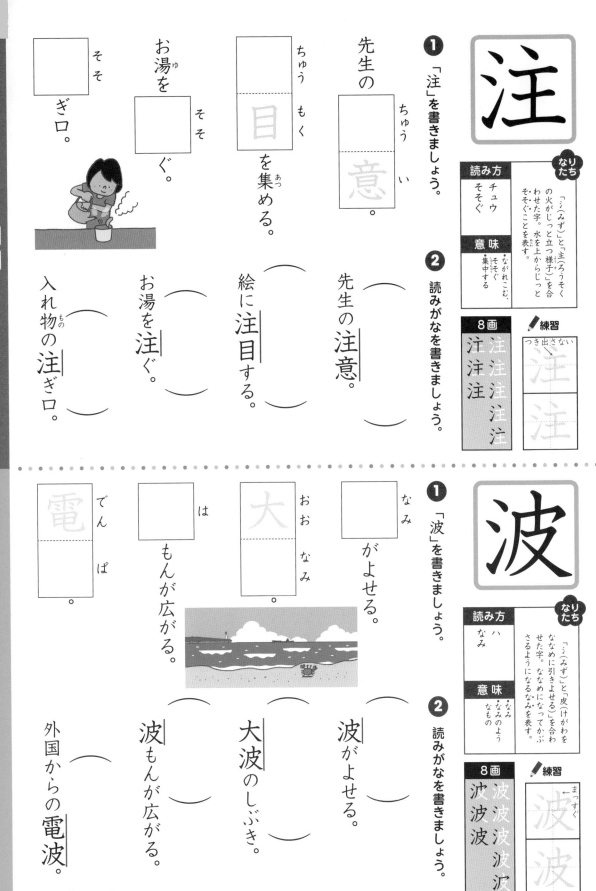

ドリル

点

1つ・5点

❶ ─線の漢字《かんじ》の読みがなを書きましょう。

① 魚の泳ぎ方。（　　）

② 外国からの電波。（　　）

③ 日時が決まる。（　　）

④ 先生の注意。（　　）

⑤ かき氷を食べる。（　　）

⑥ 遊泳きん止。（　　）

⑦ 大波のしぶき。（　　）

⑧ 会で決定する。（　　）

⑨ 入れ物《もの》の注ぎ口。（　　）

⑩ 流氷を見る。（　　）

❷ 読みがなにあう漢字を書きましょう。

① □（こおり）がはる。

② □□（ちゅう もく）を集《あつ》める。

③ □（なみ）がよせる。

④ 強く□□（けっ しん）する。

⑤ □□（ひょう ざん）。

⑥ 海で［　］（およ）ぐ。

⑦ □□（すい えい）。

⑧ お湯《ゆ》を［　］（そそ）ぐ。

⑨ 池の□（は）もん。

⑩ 委員《いいん》を［　］（き）める。

油

なりたち
「氵(みず)」と「由(細い口のつぼ)」を合わせた字。つぼの口からとろとろ出てくるえき体のあぶらを表《あらわ》す。

読み方	意味
ユ あぶら	・あぶら

8画
油 油 油 油 油 油 油 油

練習
出す
油 油

❶ 「油」を書きましょう。

ごまの□《あぶら》。

□《あぶら》絵《え》。

石《せき》□《ゆ》。

しょう□《ゆ》。

❷ 読みがなを書きましょう。

ごまの油（　）。

有名《ゆうめい》な油絵（　）。

石油（　）を運《はこ》ぶ船。

しょう油（　）をかける。

洋

なりたち
「氵(みず)」と「羊(りっぱで大きいこと)」を合わせた字。広々《ひろびろ》した大きな海を表す。

読み方	意味
ヨウ ―	・大きい海 ・西ようの

9画
洋 洋 洋 洋 洋 洋 洋 洋 洋

練習
出さない
洋 洋

❶ 「洋」を書きましょう。

赤い□《よう》服《ふく》。

□《よう》食《しょく》の店。

□《よう》室《しつ》のまど。

太《たい》平《へい》□《よう》。

❷ 読みがなを書きましょう。

赤い洋服（　）。

洋食（　）の店。

洋室（　）のまど。

太平洋（　）の島々《しまじま》。

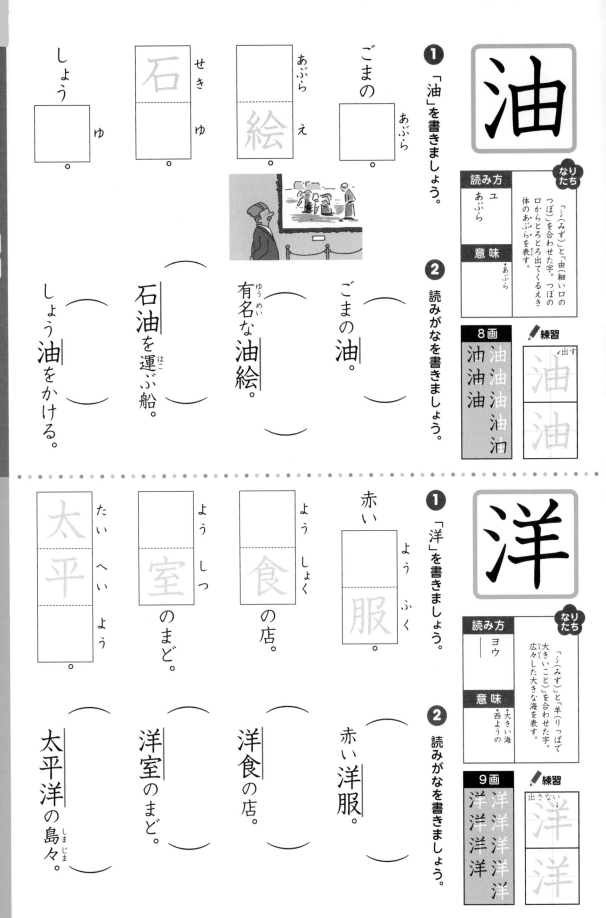

消

なりたち

「氵(川のみず)」と「肖(細く小さい)」を合わせた字。水が小さく細くなることから、きえることを表《あらわ》す。

読み方	意味
ショウ きえる けす	•きえる •見えなくする

10画

消 消 消 消 消 消 消 消 消 消

✏練習

まっすぐ↓

消 消

❶ 「消」を書きましょう。

火が□《き》える。

□《け》しゴム。

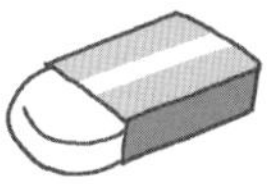

手を□《しょう》毒《どく》する。

□《しょう》ぼう車《しゃ》。

❷ 読みがなを書きましょう。

火が消（　）える。

消（　）しゴムを買う。

手を消毒《どく》（　）する。

消（　）ぼう車が走る。

流

なりたち

「氵(みず)」と「㐬(ながれ出る)」を合わせた字。水がながれることを表す。

読み方	意味
リュウ (ル) ながれる ながす	•ながれる •せけんに広まる、はやる

10画

流 流 流 流 流 流 流 流 流 流

✏練習

はねる↑

流 流

❶ 「流」を書きましょう。

水が□《なが》れる。

お湯《ゆ》を□《なが》す。

□《でん》□《りゅう》。（電）

□《りゅう》□《こう》。（行）

❷ 読みがなを書きましょう。

水が流（　）れる。

お湯を流（　）す。

強い電流（　）。

流行（　）の洋《よう》服《ふく》。

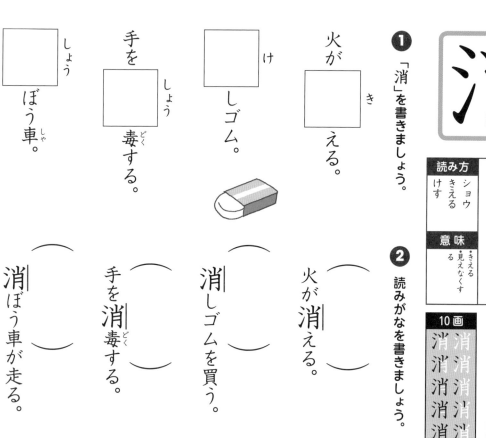

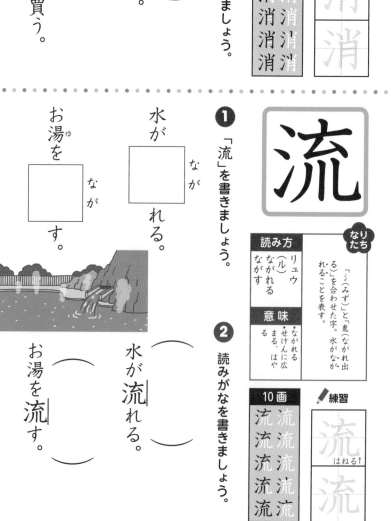

深

なりたち
「氵(みず)」と「罙(あなに手をふかく入れてさぐる)」を合わせた字。水がふかいことを表《あらわ》す。

読み方
シン
ふかい
ふかまる
ふかめる

意味
・ふかい
・ていどがはげしい

11画

練習

❶「深」を書きましょう。

□《ふか》い海。

湖《みずうみ》の□《ふか》さ。

□《しん》夜《や》放《ほう》送《そう》。

□《しん》呼《こ》吸《きゅう》する。

❷ 読みがなを書きましょう。

深（　　）い海にすむ魚。

湖の深（　　）さ。

深夜（　　）放送の番組。

深（　　）呼《こ》吸《きゅう》する。

温

なりたち
「氵(みず)」と「昷(皿《さら》に物《もの》を入れてふたをした形)」を合わせた字。湯気《ゆげ》がうつわにこもってあたたかいことを表す。

読み方
オン
あたたか
あたたかい
あたたまる
あたためる

意味
・あたたかい
・おだやか

12画 温温温温温温温温温温

練習
出す

❶「温」を書きましょう。

昼の気《き》□《おん》。

□《おん》度《ど》をはかる。

□《あたた》かいスープ。

料《りょう》理《り》を□《あたた》める。

❷ 読みがなを書きましょう。

昼の気温（　　）。

温度（　　）をはかる。

温（　　）かいスープ。

料《りょう》理《り》を温（　　）める。

ドリル

点

1つ・5点

1 ―線の漢字《かんじ》の読みがなを書きましょう。

① 消しゴム。（　　）

② 洋食の店。（　　）

③ お湯《ゆ》を流す。（　　）

④ 強い電流。（　　）

⑤ 温かいスープ。（　　）

⑥ 深夜放送《ほうそう》の番組。（　　）

⑦ 湖《みずうみ》の深さ。（　　）

⑧ 石油を運《はこ》ぶ船。（　　）

⑨ 手を消毒《どく》する。（　　）

⑩ 太平洋の島々《しまじま》。（　　）

2 読みがなにあう漢字を書きましょう。

① ごまの［　］《あぶら》。

② ［　　］《りゅうこう》の服《ふく》。

③ ［　］《しん》呼吸《こきゅう》。

④ ［　］《ふか》い海。

⑤ ［　］《おん》度《ど》。

⑥ 火が［　］《き》える。

⑦ ［　］《よう》服《ふく》。

⑧ 水が［　］《なが》れる。

⑨ ［　］《しょう》ぼう車。

⑩ 料理《りょうり》を［　］《あたた》める。

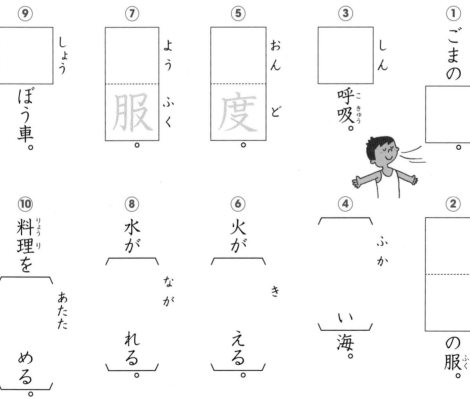

湖

なりたち
「氵(みず)」と「胡(おおいかくす)」を合わせた字。大地をおおう水たまりのみずうみを表《あらわ》す。

読み方
コ
みずうみ

意味
•みずうみ

12画
湖 湖 湖 湖 湖 湖 湖 湖 湖 湖

練習
湖 湖

1 「湖」を書きましょう。

山の□《みずうみ》。

□《みずうみ》のけしき。

□《こ》水《すい》。

□《こ》上《じょう》の船。

2 読みがなを書きましょう。

山の湖。(　　)

湖のけしき。(　　)

つめたい湖水。(　　)

湖上の船。(　　)

港

なりたち
「氵(みず)」と「巷(たくさんの人が通る道)」を合わせた字。船が出入りする水上の道から、みなとの意味《いみ》を表す。

読み方
コウ
みなと

意味
•船やひこうきがついたり出たりするところ

12画
港 港 港 港 港 港 港 港 港 港

練習
港 はねる↑
港

1 「港」を書きましょう。

□《みなと》に入る船。

□《みなと》町《まち》。

広い空《くう》□《こう》。

にぎやかな漁《ぎょ》□《こう》。

2 読みがなを書きましょう。

港に入る船。(　　)

古くからの港町。(　　)

広い空港。(　　)

にぎやかな漁《ぎょ》港。(　　)

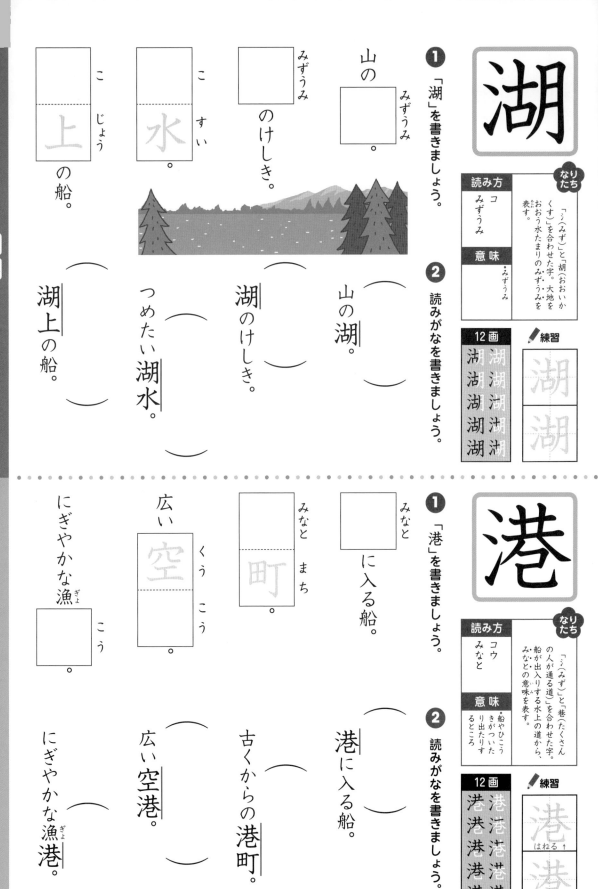

湯

なりたち
「氵(みず)」と「昜(太陽《たいよう》があがる)」を合わせた字。ゆげを上げてわきたつおゆを表《あらわ》す。

12画
湯 湯 湯 湯 湯 湯 湯 湯 湯 湯 湯 湯

練習
湯 (はねる) 湯

読み方
トウ
ゆ

意味
・水をわかしたもの
・ふろ

1 「湯」を書きましょう。

お□《ゆ》。　ぬるま□《ゆ》。

熱《ねっ》□《とう》を注《そそ》ぐ。

2 読みがなを書きましょう。

お湯をわかす。(　　)　ぬるま湯。(　　)

熱《ねっ》湯を注ぐ。(　　)

漢

なりたち
「漢水《かんすい》」という川を表し、その上流《じょうりゅう》を漢《かん》といったことから広く中国《ちゅうごく》をさした。

13画
漢 漢 漢 漢 漢 漢 漢 漢 漢 漢 漢 漢 漢

練習
漢 (長く) 漢

読み方
カン
—

意味
・中国のことや中国にかんけいすること

1 「漢」を書きましょう。

□《かん》字《じ》で書く。

□《かん》和《わ》辞典《じてん》。

2 読みがなを書きましょう。

漢字で書く。(　　)

漢和辞《じ》典《てん》で調《しら》べる。(　　)

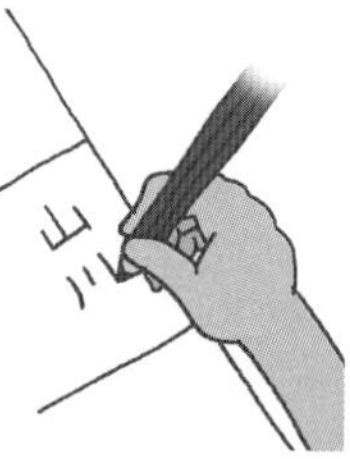

「水」に関係《かんけい》のある漢字《かんじ》

「氵」のつく漢字《かんじ》は、水に関《かん》係《けい》のあるものが多くあります。

池《いけ》

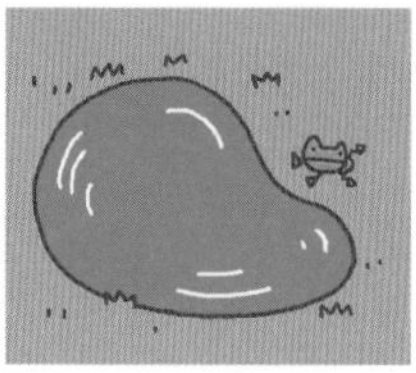

湖《みずうみ》

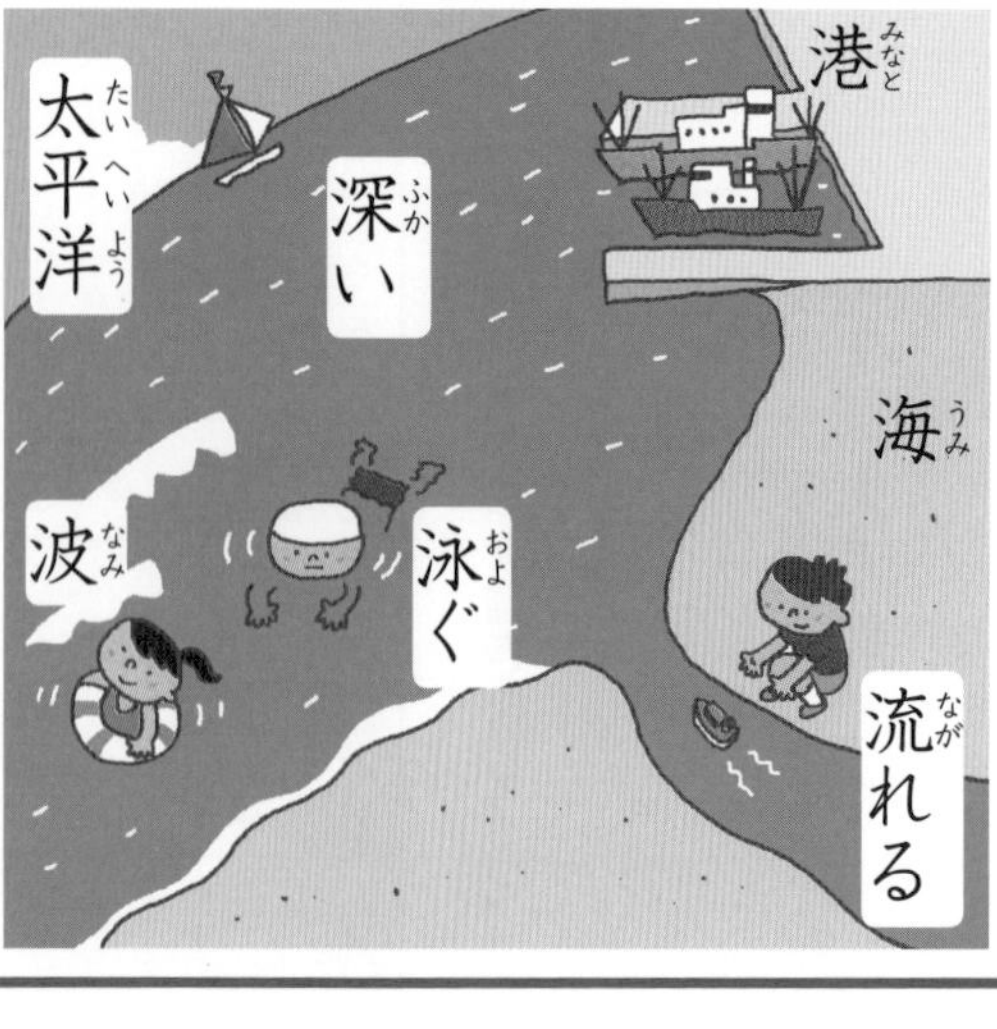

ドリル

点

1つ・5点

1 ―線の漢字《かんじ》の読みがなを書きましょう。

① お湯を飲《の》む。（　　）

② 空港の飛《ひ》行《こう》機《き》。（　　）

③ 美《うつく》しい港。（　　）

④ 湖上のボート。（　　）

⑤ ぬるま湯。（　　）

⑥ むずかしい漢字。（　　）

⑦ 湖のけしき。（　　）

⑧ 熱《ねっ》湯をかける。（　　）

⑨ 漢和辞《じ》典《てん》。（　　）

⑩ にぎやかな漁《ぎょ》港。（　　）

2 読みがなにあう漢字を書きましょう。

① お□《ゆ》をわかす。

② □□《かんじ》で書く。

③ 山の□《みずうみ》。

④ □□《みなとまち》の様《よう》子《す》。

⑤ ぬるま□《ゆ》。

⑥ つめたい□□《こすい》。

⑦ □《みなと》に入る船。

⑧ 広い□□《くうこう》。

⑨ 熱《ねっ》□《とう》を注《そそ》ぐ。

⑩ □和《かんわ》辞《じ》典《てん》。

まとめドリル

点

1つ・5点

❶ 読みがなにあう漢字《かんじ》を書きましょう。

① 山の□《みずうみ》。

② 池の□《は》もん。

③ 次《つぎ》の□《だ》者《しゃ》。

④ つめたい□《こおり》。

⑤ ごまの□《あぶら》。

⑥ 図を□《さ》ししめす。

⑦ 赤い□《よう》服《ふく》。

⑧ 熱《ねつ》□《とう》をこぼす。

⑨ □《しん》呼吸《こきゅう》。

⑩ 所《しょ》□《じ》品《ひん》を出す。

❷ 読みがなにあう漢字を書きましょう。

① □□《かんじ》辞典《じてん》。

② □□《すいえい》の選手《せんしゅ》。

③ 広い□□《くうこう》。

④ □□《けっしん》がかたい。

❸ 次《つぎ》のことばを漢字と送《おく》りがなで〔　〕に書きましょう。

① 貝を〔　　〕《ひろう》。

② お湯《ゆ》を〔　　〕《そそぐ》。

③ 石を〔　　〕《なげる》。

④ 料理《りょうり》を〔　　〕《あたためる》。

⑤ 火が〔　　〕《きえる》。

⑥ 水が〔　　〕《ながれる》。

8 「心《こころ》」のつく漢字《かんじ》

急・息・悪・悲・意・感・想

心

なりたち

「心《こころ》」は、しんぞうの形をえがいた字です。「心」のつく漢《かん》字《じ》には、心や心のはたらきに関《かん》係《けい》するものが多くあります。

※○数字は習う学年

漢字	おもな読み方
心②	シン こころ
思②	シ おもう
急③	キュウ いそぐ
息③	ソク いき
悪③	アク (オ) わるい
悲③	ヒ かなしい かなしむ
意③	イ —
感③	カン —
想③	ソウ (ソ) —
必④	ヒツ かならず
念④	ネン —
愛④	アイ —

急

読み方	なりたち
キュウ いそぐ	「心(こころ)」と「刍(にげる人をつかまえようとする)」を合わせた字で、追いつこうとしてせかせかする気持《きも》ちを表《あらわ》す。

意味
・いそぐ
・とつぜん
・かたむきが大きい

9画

練習（出さない）

1 「急」を書きましょう。

いそ［　　］いで行く。

いそ［　　］ぎ足。

きゅう［　　］な坂《さか》道《みち》。(けわしい坂道)

きゅうこう［　　］［行］列《れっ》車《しゃ》。

2 読みがなを書きましょう。

急いで行く。（　　）

急ぎ足になる。（　　）

急な坂道。（　　）

急行列車に乗《の》る。（　　）

息

なりたち
「心(しんぞう)」と「自(はな)」を合わせた字で、心ぞうの動《うご》きにつれて、鼻《はな》からいきをする様子《ようす》を表《あらわ》す。

読み方	意味
ソク いき	・こきゅう、いき ・休む

10画

息 息 息 息 息 息 息 息 息 息

練習 右から

1 「息」を書きましょう。

□《いき》をすう。

白い□《いき》。

ため□《いき》をつく。

休《きゅう》□《そく》をとる。(体をしずかに休める)

2 読みがなを書きましょう。

息をすう。（　　）

白い息をはく。（　　）

ため息をつく。（　　）

休息をとる。（　　）

悪

なりたち
「心(こころ)」と「亜(おさえつける)」を合わせた字で、おさえつけられたようないやな気持《きも》ちを表す。

読み方	意味
アク (オ) わるい	・よくない ・へたな ・いやな

11画

悪 悪 悪 悪 悪 悪 悪 悪 悪 悪 悪

練習 出さない

1 「悪」を書きましょう。

□《わる》い心。

□《わる》口《くち》を言う。

□《あく》人《にん》のしわざ。

げきの□《あく》役《やく》。

2 読みがなを書きましょう。

悪い心。（　　）

悪口を言う。（　　）
※「わるぐち・あっこう」とも読む。

悪人のしわざ。（　　）

げきの悪役。（　　）

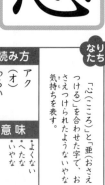

ドリル

点

1つ・5点

❶ ―線の漢字《かんじ》の読みがなを書きましょう。

① ぐあいが悪い。（　　　）

② 急行の電車。（　　　）

③ 白い息をはく。（　　　）

④ 急いで行く。（　　　）

⑤ 急ぎ足になる。（　　　）

⑥ げきの悪役。（　　　）

⑦ 急な用事《ようじ》。（とつぜんの用事）（　　　）

⑧ わずかな休息。（　　　）

⑨ ため息をつく。（　　　）

⑩ 悪人のしわざ。（　　　）

❷ 読みがなにあう漢字を書きましょう。

① □《いき》をすう。

② □□《わるくち》を言う。

③ □《あく》役《やく》。

④ □□《きゅうこう》列《れっ》車《しゃ》。

⑤ □《いそ》いで行く。

⑥ □□《きゅうそく》をとる。

⑦ ため□《いき》。

⑧ □《いそ》ぎ足。

⑨ □《きゅう》な坂道《さかみち》。

⑩ □《わる》い心。

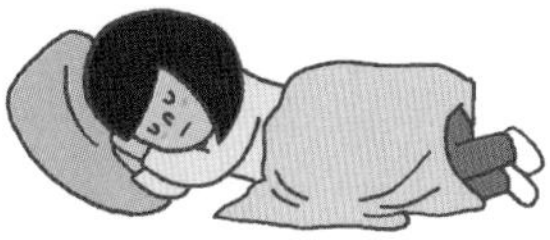

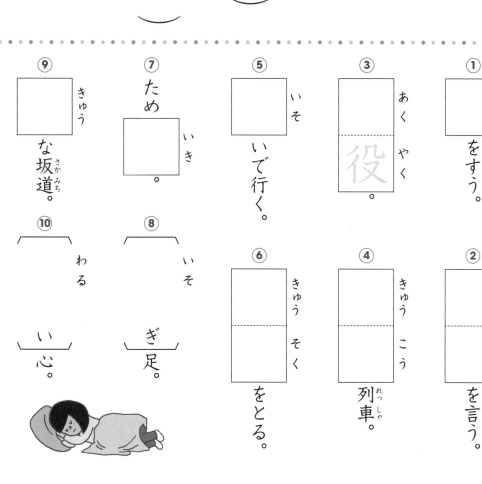

悲

なりたち
「心(こころ)」と「非(左右に分かれる)」を合わせた字。心がさけてしまうほどのせつない気《き》持《も》ちを表《あらわ》す。

読み方
ヒ
かなしい
かなしむ

意味
・かなしい

12画

練習
はらう

❶ 「悲」を書きましょう。

□《かな》しい物語《ものがたり》。

□《かな》しく思う。

女の□《ひ》鳴《めい》。

□《ひ》げきのドラマ。

❷ 読みがなを書きましょう。

悲しい物語。（　　）

悲しく思う。（　　）

女の悲鳴。（　　）

悲げきのドラマ。（　　）

意

なりたち
「心(こころ)」と「音(中にとじこもる)」を合わせた字。心の中にとじこめられた思いや気持ちを表す。

読み方
イ
―

意味
・考えや気もち
・内ようやわけ

13画

練習
長く

❶ 「意」を書きましょう。

遠足の用《よう》□《い》。

注《ちゅう》□《い》する。

□《い》見《けん》を言う。

ことばの□《い》味《み》。

❷ 読みがなを書きましょう。

遠足の用意をする。（　　）

車に注意する。（　　）

意見を言う。（　　）

ことばの意味。（　　）

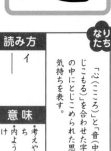

感

なりたち
「心（こころ）」と「咸（どきっとする）」を合わせた字。何かにどきっとして心が動《うご》いてかん・じ・ることを表《あらわ》す。

読み方
カン
—

意味
・心のうごき

練習
感（はねる）
感

13画
感 感 感 感 感 感 感 感 感 感 感 感 感

❶ 「感」を書きましょう。

いい□《かん》じ。

□《かん》しゃする。

□《かん》心《しん》な人。

❷ 読みがなを書きましょう。

いい感じ。（　　）

感しゃする。（　　）

感心な人。（　　）

想

なりたち
「心（こころ）」と「相（向《む》かい合う）」を合わせた字。あるものと向かい合うように考えることを表す。

読み方
ソウ
（ソ）
—

意味
・思いをめぐらす

練習
想
想

13画
想 想 想 想 想 想 想 想 想 想 想 想 想

❶ 「想」を書きましょう。

感《かん》□《そう》。

予《よ》□《そう》。

空《くう》□《そう》の世界《せかい》。（頭の中で思いえがいた世界）

❷ 読みがなを書きましょう。

読書感想文《ぶん》。（　　）

予想が当たる。（　　）

空想の世界。（　　）

漢字《かんじ》はどこから？

漢字《かん》は、どこの国で生まれた文字か、知っていますか。

漢字は、三千年以上《いじょう》も昔《むかし》に中国で作られました。

「漢」は、昔の中国のよび名で、つまり、漢字とは中国の文字ということです。

日本に漢字がつたわってきたのは、千六百年ほど前のことです。

そのころの日本には文字がなく、はじめは、漢字だけを使《つか》って、日本語を書き表《あらわ》していました。

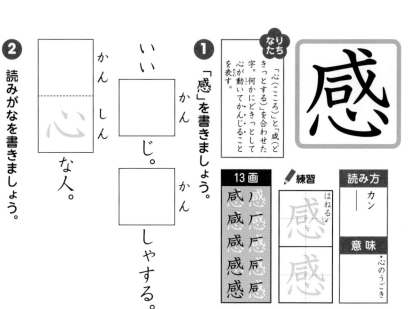

ドリル

点

1つ・5点

❶ ―線の漢字《かんじ》の読みがなを書きましょう。

① 食事《しょくじ》の用意。（　）

② 悲鳴をあげる。（　）

③ 悲しく思う。（　）

④ 車に注意する。（　）

⑤ いい感じ。（　）

⑥ 意見を言う。（　）

⑦ 感想を話す。（　）

⑧ 感心な人。（　）

⑨ 悲げきのドラマ。（　）

⑩ 空想の世界《せかい》。（　）

❷ 読みがなにあう漢字を書きましょう。

① □《かん》じのよい人。

② ことばの□□《いみ》。（味）

③ □□《よそう》する。（予）

④ 女の□□《ひめい》。

⑤ □《かん》しゃする。

⑥ 遠足の□□《ようい》。

⑦ □《ひ》げきの話。

⑧ 読書□□《かんそう》文。

⑨ □□《ちゅうい》する。

⑩ 〔　　〕《かな》しい物語《ものがたり》。

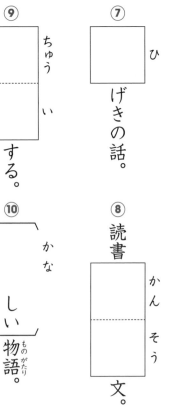

辶

なりたち

「辶《しんにゅう/しんにょう》」は、十字《じゅうじ》路《ろ》の半分と足の形とを合わせてできた形で、「いく・すすむ」という意味《いみ》を表《あらわ》します。

「辶」のつく漢《かん》字《じ》には、道や進《すす》むことに関係《かんけい》するものが多くあります。

※○数字は習う学年

漢字	近②	通②	週②	道②	遠②	返③	送③	追③
おもな読み方	キン ちかい	ツウ・(ツ) とおる かよう	シュウ	ドウ (トウ) みち	エン (オン) とおい	ヘン かえす かえる	ソウ おくる	ツイ おう

漢字	速③	進③	運③	遊③	辺④	連④	達④	選④
おもな読み方	ソク はやい (すみやか)	シン すすむ すすめる	ウン はこぶ	ユウ (ユ) あそぶ	ヘン あたり べ	レン つらなる つれる	タツ	セン えらぶ

返

なりたち

「辶(行く)」と「反(そりかえってもとにもどる)」を合わせた字で、来た道をもどる、引きかえすことを表《あらわ》す。

読み方

ヘン
かえす
かえる

意味

・もとにもどす
・かえす

7画

返 返 返 返 返 返 返

✏練習

返 はらう

返

1 「返」を書きましょう。

本を□《かえ》す。

ふり□《かえ》る。

□事《へんじ》をする。

□答《へんとう》する。

2 読みがなを書きましょう。

かりた本を返す。(　　)

後ろをふり返る。(　　)

返事をする。(　　)

すぐに返答する。(　　)

追

なりたち
「辶(進《すす》む)」と「𠂤(あとをつける)」を合わせた字で、あとをおう意味《いみ》を表《あらわ》す。

読み方	意味
ツイ おう	・おいかける ・おいはらう ・おぎなう

9画

練習（あける）

1 「追」を書きましょう。

せみを□《お》う。

車を□《お》いこす。

□《つい》せきする。（にげる人のあとをおいかける）

□《つい》加《か》する。（あとからつけくわえる）

2 読みがなを書きましょう。

せみを追う。（　　）

前の車を追いこす。（　　）

はん人を追せきする。（　　）

注文《ちゅうもん》を追加《か》する。（　　）

速

なりたち
「辶(行く)」と「束(ぎゅっとたばねる)」を合わせた字で、時間がちぢまるように、はやく進むことを表す。

読み方	意味
ソク はやい はやめる はやまる (すみやか)	・時間がかからない ・はやさ

10画

練習（とめる）

1 「速」を書きましょう。

球《たま》が□《はや》い。

車の□《はや》さ。

電車の□《そく》度《ど》。

高《こう》□《そく》道路《どうろ》。

2 読みがなを書きましょう。

球が速い。（　　）

車の速さ。（　　）

電車の速度。（　　）

高速道路を走る。（　　）

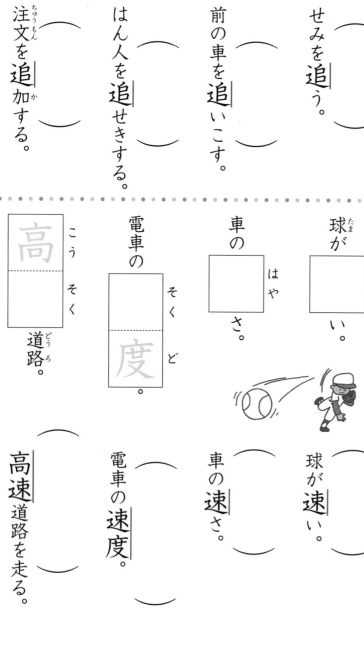

ドリル

1つ・5点

点

1 —線の漢字《かんじ》の読みがなを書きましょう。

① せみを追う。（　　）
② 高速道《どう》路《ろ》。（　　）
③ 車の速さ。（　　）
④ すぐ返事をする。（　　）
⑤ また読み返す。（　　）
⑥ 追せきする車。（　　）
⑦ 後ろをふり返る。（　　）
⑧ 電車の速度。（　　）
⑨ 流《なが》れが速い。（　　）
⑩ 注文《ちゅうもん》を追加《か》する。（　　）

2 読みがなにあう漢字を書きましょう。

① へんとう □□ する。
② こうそく □□ 道路。
③ そくど □度 計《けい》。
④ 本を かえ〔　〕す。
⑤ つい □ せきする。
⑥ 球《たま》が はや〔　〕い。
⑦ へんじ □事 をする。
⑧ 車を お〔　〕いこす。
⑨ つい □ 加《か》する。
⑩ ふり かえ〔　〕る。

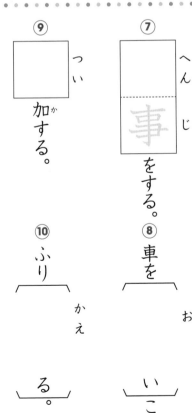

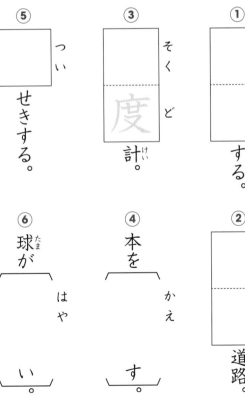

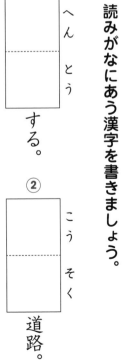

運

なりたち
「⻌(行く)」と「軍(せん車をぐるりととりまく)」を合わせた字。車がぐるぐる回ることから、はこぶ意味《いみ》を表《あらわ》す。

読み方
ウン
はこぶ

意味
・ものをほかのところへうつす
・うごかす

12画

練習
運
運

❶「運」を書きましょう。

荷物《にもつ》を□《はこ》ぶ。

外に□《はこ》び出す。

軽《かる》い□動《うんどう》。

車の□転《うんてん》。

❷読みがなを書きましょう。

荷物を運ぶ。（　　）

外に運び出す。（　　）

軽い運動をする。（　　）

車の運転。（　　）

送

なりたち
「⻌(行く)」と「关(両手《りょうて》でたいせつに持《も》つ)」を合わせた字。ものをほかの場所《ばしょ》へとどける意味を表す。

読み方
ソウ
おくる

意味
・人を見おくる
・ものをほかへとどける

9画

練習
送 とめる
送

❶「送」を書きましょう。

手紙を□《おく》る。

見□《みおく》りの人。

校内放□《ほうそう》。

運□《うんそう》する。

❷読みがなを書きましょう。

手紙を送る。（　　）

見送りの人。（　　）

校内放送。（　　）

車で運送する。（　　）

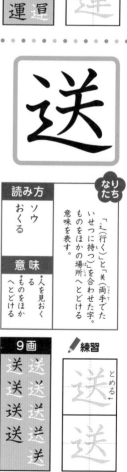

進

なりたち
「⻌（行く）」と「隹（とり）」を合わせた字。鳥がとぶように速《はや》くすすむことを表《あらわ》す。

読み方
シン
すすむ
すすめる

意味
・前にむかっていく
・よくなる

11画

進進進進進進進進進進進

練習
進（←わすれずに）
進

❶「進」を書きましょう。

前に□《すす》む。

時計《とけい》を□《すす》める。

入場□《こう》□《しん》。（行）

□《しん》□《ぽ》。（歩）（だんだんとよくなること）

❷読みがなを書きましょう。

前に進（　）む。

時計《とけい》を進（　）める。

選手《せんしゅ》の入場行進（　）。

ぎじゅつの進歩（　）。

遊

なりたち
「⻌（行く）」と「斿（ゆらゆらとゆれ動《うご》く）」を合わせた字。ぶらぶらと歩き回ってあそぶことを表す。

読み方
ユウ
（ユ）
あそぶ

意味
・あそぶ
・自ゆうにうごき回る

12画

遊遊遊遊遊遊遊遊遊遊遊遊

練習
遊（←はらう）
遊

❶「遊」を書きましょう。

弟と□《あそ》ぶ。

□《あそ》び場。

□《ゆう》□《えん》□《ち》。（園）（地）

□《ゆう》らん船《せん》。

❷読みがなを書きましょう。

弟と遊（　）ぶ。

近くの遊（　）び場。

遊園地（　）に行く。

遊（　）らん船にのる。

ドリル

1つ・5点

点

❶ ――線の漢字《かんじ》の読みがなを書きましょう。

① 近くの遊び場。（　　）

② 選手《せんしゅ》が行進する。（　　）

③ 見送りの人。（　　）

④ 軽《かる》い運動をする。（　　）

⑤ 作業《さぎょう》を進める。（　　）

⑥ 遊園地に行く。（　　）

⑦ 外に運び出す。（　　）

⑧ 車で運送する。（　　）

⑨ 遊らん船《せん》。（　　）

⑩ ぎじゅつの進歩。（　　）

❷ 読みがなにあう漢字を書きましょう。

① □□（ほう|そう）局《きょく》。（放）

② 入場□□（こう|しん）。

③ 前に□（すす）む。

④ 弟と（あそ）ぶ。

⑤ □□（ゆう|えん）地。

⑥ 手紙を（おく）る。

⑦ □□（うん|てん）手《しゅ》。（転）

⑧ 荷物《にもつ》を（はこ）ぶ。

⑨ □□（うん|そう）。

⑩ 時計《とけい》を（すす）める。

10 「口《くち・くちへん》」のつく漢字《かんじ》

向・号・君・味・命・商・品・和・員・問

口

なりたち

「口《くち・くちへん》」は、人のくちの形をえがいた字です。「口」のつく漢《かん》字《じ》には、口やことばに関係《かんけい》するものがあります。

※○数字は習う学年

漢字	口①	右①	名①	古②	台②	合②	同②	号③
おもな読み方	コウ ク くち	ウ ユウ みぎ	メイ ミョウ な	コ ふるい ふるす	ダイ タイ ―	ゴウ ガッ・カッ あう	ドウ おなじ	ゴウ ―

漢字	向③	君③	味③	命③	和③	品③	員③	商③	問③
おもな読み方	コウ むく むける	クン きみ	ミ あじ あじわう	メイ (ミョウ) いのち	ワ・(オ) (やわらぐ) (なごむ)	ヒン しな	イン ―	ショウ (あきなう)	モン とう・とい とん

向

読み方	意味
コウ むく むける むかう むこう	・むく ・むける ・むき

なりたち

「宀（いえ）」と「口（あな）」を合わせた字。家のまどから空気が外に出ていく様子《ようす》から、進《すす》むむきを表《あらわ》す。

6画

向 向 向 向 向 向

練習

はねる

❶ 「向」を書きましょう。

横《よこ》を［　　］く。（む）

山の［　　］こう。（む）

駅《えき》の［方］［　　］。（ほう こう）

体力の［　　］［上］。（こう じょう）

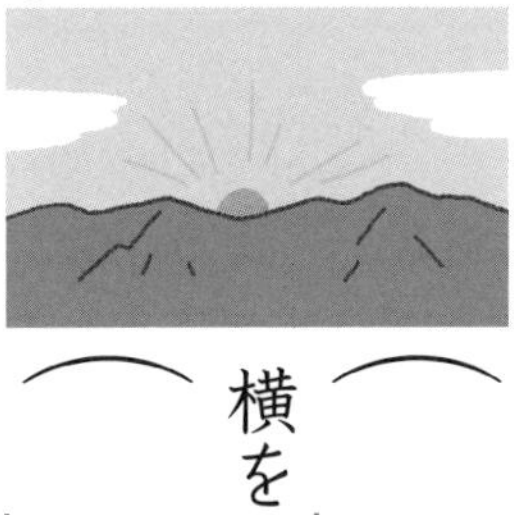

❷ 読みがなを書きましょう。

横を向（　）く。

山の向（　）こう。

駅の方向（　）に進《すす》む。

体力の向上（　）。

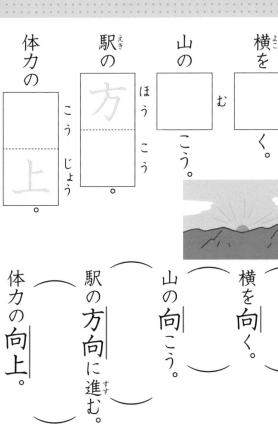

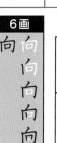

号

なりたち 「口（くち）」と「丂（つかえて曲《ま》がる）」を合わせた字。声の調子《ちょうし》をかえてどなることを表《あらわ》す。

読み方 ゴウ

意味 ●合図 ●じゅんじょをあらわすことば

5画 号 号 号 号 号

練習 号 号（はねる）

❶「号」を書きましょう。

ばん ごう［番］［ ］。

交通信《しん》［ごう］。

地図［き］［ごう］。

❷ 読みがなを書きましょう。

電話番号。（　）（　）

交通信《しん》号。（　）

地図記号。（　）（　）

君

なりたち 「尹（ぼうを持《も》ってさしずする）」と「口（くち）」を合わせた字。口で命令《めいれい》して国をまとめる人を表す。

読み方 クン　きみ

意味 ●国をおさめる人 ●名前につけることば

7画 君 君 君 君 君 君 君

練習 君 君（つき出す）

❶「君」を書きましょう。

たかし［くん］。

ひめの［はは］［ぎみ］。

山本《やまもと》［くん］。

❷ 読みがなを書きましょう。

たかし君。（　）

山本君の家。（　）

ひめの母君。（　）（　）

「口」の形は、いろいろ

「口」のつく漢字《かんじ》では、「口」は、漢字によってちがう部分《ぶぶん》についています。

「口」がついている部分によって、「口」の形もいろいろです。よく見くらべてみましょう。

号　古　味　和　向　問

味

なりたち
「口（くち）」と「未（細くて小さい）」を合わせた字。かんたんにはわからない細かいあじをロであじわうことを表《あらわ》す。

読み方
ミ
あじ
あじわう

意味
・あじ
・ものごとのよさをかんじる

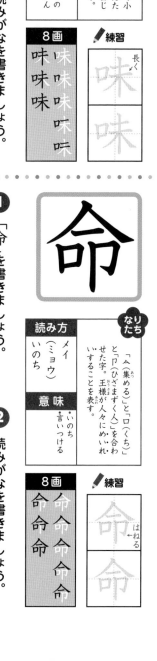

8画

練習
長く

① 「味」を書きましょう。

あまい□《あじ》。

料理《りょうり》を□《あじ》わう。

ことばの意《い》□《み》。

てきと□《み》方《かた》。

② 読みがなを書きましょう。

あまい味（　　）のおかし。

料理《りょうり》を味（　　）わう。

ことばの意味（　　）。

てきと味方（　　）。

命

なりたち
「亼（集《あつ》める）」と「口（くち）」と「卩（ひざまずく人）」を合わせた字。王様《おうさま》が人々にめいれいすることを表《あらわ》す。

読み方
メイ
（ミョウ）
いのち

意味
・いのち
・言いつける

8画

練習
はねる

① 「命」を書きましょう。

大切な□《いのち》。

□《いのち》のおん人。

生《せい》□《めい》の神秘《しんぴ》。

犬に□《めい》令《れい》する。

② 読みがなを書きましょう。

大切な命（　　）。

命（　　）のおん人。

生命（　　）の神秘《しんぴ》。

犬に命（　　）令《れい》する。

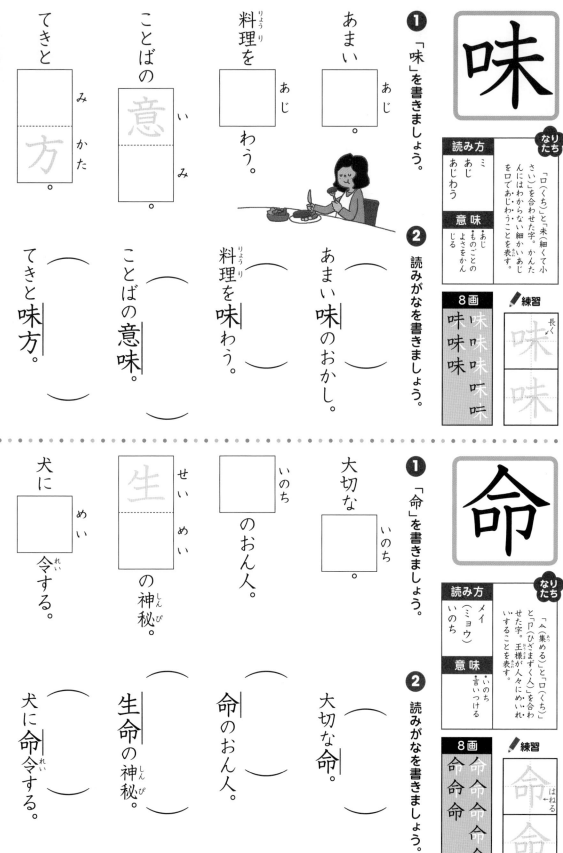

ドリル

点

1つ・5点

❶ ―線の漢字《かんじ》の読みがなを書きましょう。

① たかし君の家。（　　）

② 方向を定《さだ》める。（　　）

③ あまい味。（　　）

④ 犬に命令《れい》する。（　　）

⑤ 横《よこ》を向く。（　　）

⑥ 寺の地図記号。（　　）

⑦ 命のおん人。（　　）

⑧ 意味を調《しら》べる。（　　）

⑨ ひめの母君。（　　）

⑩ 体力の向上。（　　）

❷ 読みがなにあう漢字を書きましょう。

① 電話［ばんごう］。

② ［せいめい］の神《しん》秘《ぴ》。

③ 山本《やまもと》［くん］。

④ 駅《えき》の［ほうこう］。

⑤ 大切な［いのち］。

⑥ てきと［みかた］。

⑦ 交通信《しん》［ごう］。

⑧ 山の［むこう］。

⑨ ［ははぎみ］。

⑩ 料理《りょうり》を［あじわう］。

商

読み方
ショウ
（あきなう）

意味
・しなものを売り買いする

なりたち
「商」は、高台に住《す》む「商《しょう》」という国の人が、品物《しなもの》を売って生活していたので、あきないの意味《いみ》になった。

11画

練習 はねる

1 「商」を書きましょう。

近くの□《しょう》店《てん》。

家の□《しょう》売《ばい》。

新しい□《しょう》品《ひん》。

□《しょう》業《ぎょう》地《ち》。

2 読みがなを書きましょう。

近くの商店。（　　）

家の商売。（　　）

新しい商品。（　　）

駅《えき》前《まえ》の商業地。（　　）

品

読み方
ヒン
しな

意味
・しなもの

なりたち
「口（四角いしなもの）」を三つ合わせた字で、いろいろなしなものを表《あらわ》す。

9画

練習 上を大きめに

1 「品」を書きましょう。

作《さく》□《ひん》ができる。

食《しょく》□《ひん》売り場。

おいわいの□《しな》。

□《しな》物《もの》。

2 読みがなを書きましょう。

作品ができる。（　　）

食品売り場。（　　）

おいわいの品。（　　）

品物を注文《ちゅうもん》する。（　　）

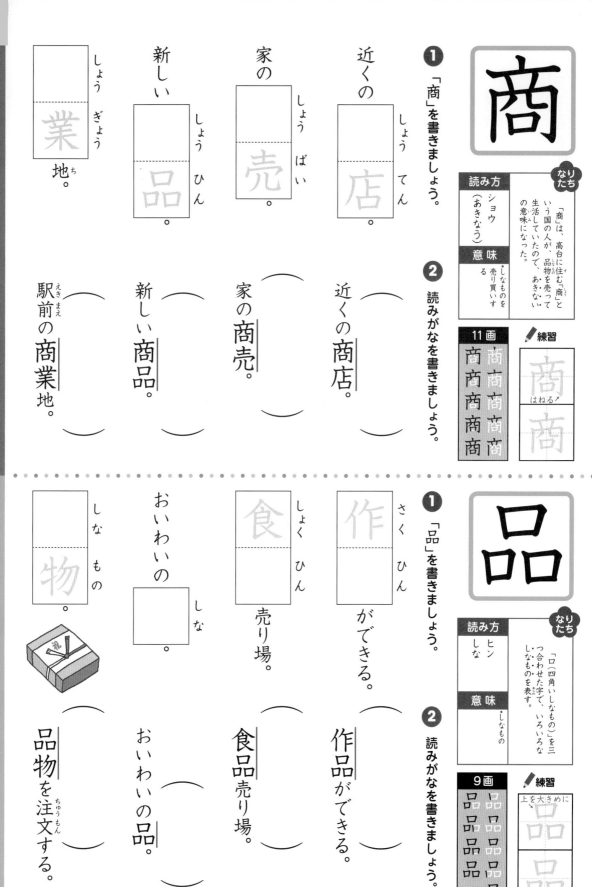

和

なりたち
「禾（いねのほが実《みの》って、しなやかになる）」と「口（くち）」を合わせた字。なごやかに話すことを表《あらわ》す。

読み方
ワ・（オ）
（やわらぐ）
（やわらげる）
（なごむ）
（なごやか）

意味
●おだやか
●あわせる
●日本の

練習
右から
和 和

8画
和 和 和 和 和 和 和 和

❶ 「和」を書きましょう。

へいわ
平□。

わしつ
□室。

しょうわ
昭□生まれの人。

❷ 読みがなを書きましょう。

平和な世界《せかい》。（　　）
和室のたたみ。（　　）
昭和生まれの人。（　　）

員

なりたち
「口（まるい形）」と「貝（うつわ）」を合わせた字。そのうつわを数えることと、その数を表す。

読み方
イン
—

意味
●人の数
●あるしごとやく目の人

練習
とめる
員 員

10画
員 員 員 員 員 員 員 員 員 員

❶ 「員」を書きましょう。

しゃいん
社□。

てんいん
店□。

クラス いいん
クラス委□。

❷ 読みがなを書きましょう。

新入社員。（　　）
わかい店員。（　　）
クラス委員をえらぶ。（　　）

問

なりたち
「門（もん）」と「口（くち）」を合わせた字。門をたたいてたずねる、わからないことをとう意味《いみ》を表す。

読み方
モン
とう
とい
とん

意味
●人にたずねる

練習
はねる
問 問

11画
問 問 問 問 問 問 問 問 問 問 問

❶ 「問」を書きましょう。

もんだい
□題。

とんや
□屋。

と
□い合わせる。

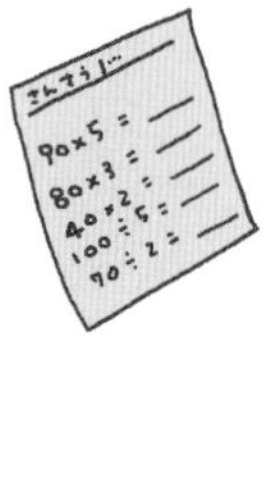

❷ 読みがなを書きましょう。

算数の問題。（　　）
服《ふく》の問屋。（　　）※「といや」とも読む。
役所《やくしょ》に問い合わせる。（　　）

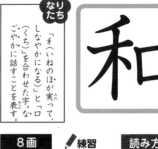

ドリル

点

1つ・5点

❶ —線の漢字《かんじ》の読みがなを書きましょう。

① 問題をとく。（　　）
② 和室のたたみ。（　　）
③ 服《ふく》の問屋。（　　）
④ わかい店員。（　　）
⑤ おいわいの品。（　　）
⑥ 駅前《えきまえ》の商業地《ち》。（　　）
⑦ 家の商売。（　　）
⑧ 平和にくらす。（　　）
⑨ 問い合わせの声。（　　）
⑩ 食品売り場。（　　）

❷ 読みがなにあう漢字を書きましょう。

① □□（さくひん）。
② □□（わしつ）に入る。
③ □□（しょうてん）街《がい》。
④ クラス□□（いいん）［委］。
⑤ □□（しょうわ）［昭］生まれ。
⑥ 算数の□□（もんだい）［題］。
⑦ □□（しゃいん）。
⑧ 店の□□（しょうひん）を買う。
⑨ □□（しなもの）［物］。
⑩ □（と）い合わせる。

まとめドリル

点

1つ・5点

1 読みがなにあう漢字《かんじ》を書きましょう。

① □《きゅう》な坂道《さかみち》。

② 図書委《い》□《いん》。

③ 弟と□《あそ》ぶ。

④ 白い□《いき》。

⑤ 大切な□《いのち》。

⑥ □《と》い合わせる。

⑦ 交通信《しん》□《ごう》。

⑧ 平《へい》□《わ》な社会。

⑨ □《つい》せきする。

⑩ たかし□《くん》。

2 読みがなにあう漢字を書きましょう。

① □□《うんそう》する。

② □□《かんそう》を言う。

③ 安《やす》い□□《しょうひん》。

④ ことばの□□《いみ》。

3 次《つぎ》のことばを漢字と送《おく》りがなで〔　〕に書きましょう。

① 〔　〕《わるい》心。

② こまを〔　〕《すすめる》。

③ ふり〔　〕《かえる》。

④ 山の〔　〕《むこう》。

⑤ 〔　〕《かなしい》物語《ものがたり》。

⑥ 球《たま》が〔　〕《はやい》。

11 「糸《いと・いとへん》」のつく漢字《かんじ》

終・級・緑・練

糸

なりたち

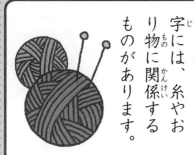

「糸《いと・いとへん》」は、細《ほそ》いいとをたくさんより合わせた形からできた字です。

「糸」のつく漢《かん》字《じ》には、糸やおり物《もの》に関係《かんけい》するものがあります。

※○数字は習う学年

漢字	糸①	紙②	細②	組②	絵②	線②	級③
おもな読み方	シ いと	シ かみ	サイ ほそい こまかい	ソ くむ くみ	カイ エ ―	セン ―	キュウ ―

漢字	終③	緑③	練③	約④	給④	結④	続④	縄④
おもな読み方	シュウ おわる おえる	リョク (ロク) みどり	レン ねる	ヤク ―	キュウ ―	ケツ むすぶ (ゆう)	ゾク つづく つづける	(ジョウ) なわ

終

なりたち

「糸(いと)」と「冬(いっぱいたくわえる)」を合わせた字。糸まきいっぱいに糸をまいた、はしのことから、おわるの意《い》味《み》を表《あらわ》す。

読み方

シュウ
おわる
おえる

意味

・おわる
・いちばんさい後

11画

終 終 終 終 終 終 終 終 終 終

練習

「夂」としない

終 終

1 「終」を書きましょう。

休みが［　］《お》わる。

読み［　］《お》える。

バスの［　］《しゅう》点《てん》。

［　］《しゅう》業《ぎょう》式《しき》。

2 読みがなを書きましょう。

休みが終わる。（　　）

本を読み終える。（　　）

バスの終点。（　　）

一学期《がっき》の終業式。（　　）

級

なりたち
「糸（いと）」と「及（追《お》いかけてつぎ足す）」を合わせた字。糸をつぎ足すことから、じゅんじょを表《あらわ》す。

9画

練習 おる→

読み方
キュウ
—

意味
・ものごとのじゅん
・クラス

❶ 「級」を書きましょう。

がっきゅう 学［　］。

どうきゅう 同［　］生《せい》。

こうきゅう 高［　］レストラン。

❷ 読みがなを書きましょう。

学級文庫《ぶんこ》。（　　）（　　）

同級生。（　　）

高級レストラン。（　　）

緑

なりたち
「糸（いと）」と「彔（皮をはいだ青竹）」を合わせた字。青竹の色にそめた糸のことから、みどり色を表す。

14画

練習 出さない←

読み方
リョク
（ロク）
みどり

意味
・みどり色
・みどりの草木

❶ 「緑」を書きましょう。

みどり ［　］の葉《は》。

きみどり 黄［　］色《いろ》。

山の しんりょく 新［　］。

❷ 読みがなを書きましょう。（夏近くのころの山のわかばのみどり）

緑の葉。（　　）

黄緑色の紙。（　　）（　　）

山の新緑。（　　）

練

なりたち
「糸（いと）」と「東（より分ける）」を合わせた字。糸をより分けてよいものにすることを表す。

14画

練習 はらう↑

読み方
レン
ねる

意味
・ものをこねる
・ねる

❶ 「練」を書きましょう。

れんしゅう ［　］習。

犬の訓《くん》 れん ［　］。

ねん土を ね ［　］る。

❷ 読みがなを書きましょう。

歌の練習。（　　）（　　）

犬の訓《くん》練。（　　）

ねん土を練る。（　　）

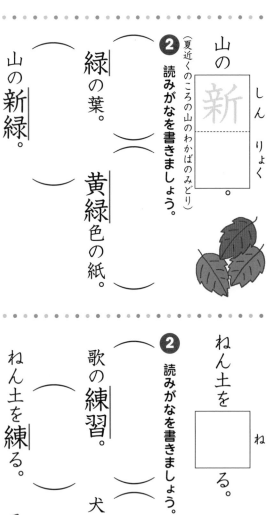

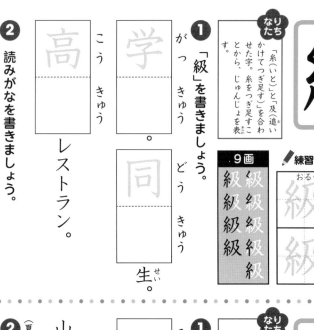

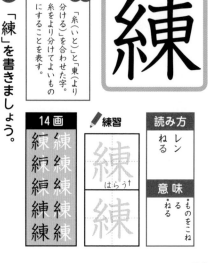

12 「女《おんな》・女《おんなへん》」のつく漢字《かんじ》 委・始

女 なりたち

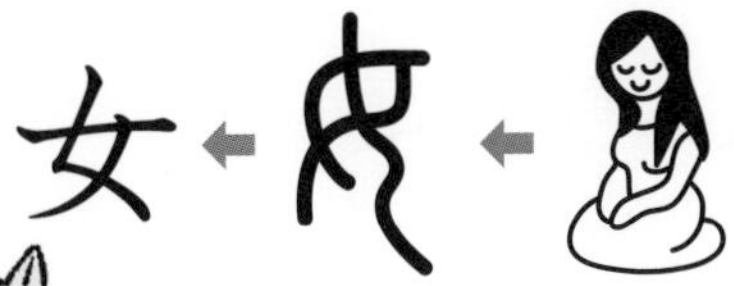

「女《おんな》(女《おんなへん》)」は、おんなの人がすわっているすがたをえがいた字です。

※〇数字は習う学年

漢字	おもな読み方
女①	ジョ・(ニョ)・(ニョウ) おんな・(め)
姉②	(シ) あね
妹②	(マイ) いもうと
委③	イ ゆだねる
始③	シ はじめる はじまる
好④	コウ このむ すく
媛④	(エン) —

委

なりたち 「禾(たれたいねのほ)」と「女(おんな)」を合わせた字。しなやかによりそう女の人のことから、まかせることを表《あらわ》す。

8画

練習 右から

読み方 イ ゆだねる

意味 •人にまかせる

❶ 「委」を書きましょう。

□《いいん》員。

身《み》を□《ゆだ》ねる。(ほかのものに体をまかせる)

❷ 読みがなを書きましょう。

委員をえらぶ。(　　)

流《なが》れに身《み》を委ねる。(　　)

始

なりたち 「女(おんな)」と「台(すきを持《も》って仕事《しごと》をはじめる)」を合わせた字。女の人が赤ちゃんを育《そだ》てはじめることを表す。

8画

練習 ↑とめる

読み方 シ はじめる はじまる

意味 •新しく何かをする •ものごとのおこり

❶ 「始」を書きましょう。

読み□《はじ》める。

開□《かいし》。

❷ 読みがなを書きましょう。

物語《ものがたり》を読み始める。(　　)

試合《しあい》を開始する。(　　)

ドリル

点

1つ・5点

1 ―線の漢字《かんじ》の読みがなを書きましょう。

① 本を読み始める。（　）

② 山の新緑。（　）

③ 計画を練る。（　）

④ 身《み》を委ねる。（　）

⑤ 宿題《しゅくだい》を終える。（　）

⑥ 一学期《がっき》の終業式。（　）

⑦ 高級レストラン。（　）

⑧ 黄緑色《いろ》の紙。（　）

⑨ 犬の訓《くん》練。（　）

⑩ 作業《さぎょう》を開始する。（　）

2 読みがなにあう漢字を書きましょう。

① （　）《みどり》の葉《は》。

② バスの（　）《しゅうてん》。

③ （　）《いいん》長《ちょう》。

④ 試合《しあい》の（開　）《かいし》。

⑤ （　）《がっきゅう》会《かい》。

⑥ ねん土を（　）《ね》る。

⑦ （　）《しんりょく》。

⑧ 休みが（　）《お》わる。

⑨ （　習）《れんしゅう》。

⑩ そうじを（　）《はじ》める。

13 「日《ひ・ひへん》」のつく漢字《かんじ》

暗・昔・昭・暑

日

なりたち

「日《ひ・ひへん》」は、太陽《たいよう》の形をえがいた字です。
「日」のつく漢《かん》字《じ》には、日の光や時間、日数に関《かん》係《けい》するものがあります。

※○数字は習う学年

漢字	日①	早①	明②	春②	星②	昼②	時②	晴②
おもな読み方	ニチ ジツ ひ・か	ソウ (サッ) はやい	メイ・ミョウ あかり・あける あきらか	シュン はる	セイ (ショウ) ほし	チュウ ひる	ジ とき	セイ はれる はらす

曜②	昔③	昭③	暑③	暗③	昨④	景④
ヨウ ―	(セキ) (シャク) むかし	ショウ ―	ショ あつい	アン くらい	サク ―	ケイ ―

(者→149ページ)

暗

なりたち

「日(ひ)」と「音(のどから出るおと)」を合わせた字で、日の光が中にかくれてとどかないで、くらいことを表《あらわ》す。

読み方
アン
くらい

意味
・くらい
・知らない
・そらで言える

13画

練習 長く

1 「暗」を書きましょう。

くら□い夜道。

森の くら□がり。

あんき □記する。

あんざん □算する。

2 読みがなを書きましょう。

暗い夜道。（　　）

森の暗がり。（　　）

九九《くく》を暗記する。（　　）

合計を暗算する。（　　）

昔

なりたち
「𠀍（いくつも重《かさ》なっている様子《ようす》）」と「日（ひ）」を合わせた字。日をつみ重ねたむかしを表《あらわ》す。

読み方
（セキ）（シャク）むかし
意味
・むかし

練習　長く

8画　昔昔昔昔昔昔昔昔

❶「昔」を書きましょう。

今と□《むかし》。　大《おお》□《むかし》。

□《むかし》話《ばなし》をきく。

❷ 読みがなを書きましょう。

今と昔（　　）。　大昔（　　）の生き物《もの》。

昔話（　　）をきく。

昭

なりたち
「日（ひ）」と「召（手を回してロでまねく）」を合わせた字。太陽《たいよう》の光がまわりをてらして、明るくすることを表す。

読み方
ショウ
意味
・明るくかがやく

練習　はねる

9画　昭昭昭昭昭昭昭昭昭

❶「昭」を書きましょう。

□《しょう》和《わ》生まれ。

□《しょう》和《わ》六十四年。

❷ 読みがなを書きましょう。

昭和（　　）生まれの人。

昭和（　　）六十四年。

暑

なりたち
「日（ひ）」と「者（ひと所《ところ》に集《あつ》める）」を合わせた字。日の光が集まってあつい ことを表す。

読み方
ショ　あつい
意味
・気おんが高い

練習　長く出す

12画　暑暑暑暑暑暑暑暑暑暑暑暑

❶「暑」を書きましょう。

□《あつ》い日。　夏の□《あつ》さ。

□《しょ》中《ちゅう》みまい。

❷ 読みがなを書きましょう。

暑（　　）い日。　夏の暑（　　）さ。

暑中（　　）みまいのはがき。

14 「車《くるま・くるまへん》」のつく漢字《かんじ》

車

なりたち

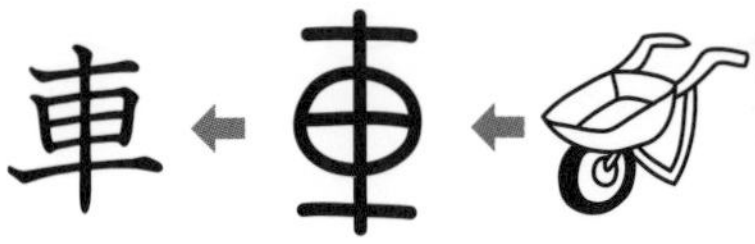

「車《くるま・くるまへん》」は、一輪《いちりん》車《しゃ》や二輪車のくるまをえがいた字です。くるくる回るくるまやまるい形に関係《かんけい》があります。

漢字	車①	転③	軽③	軍④	輪④
おもな読み方	シャ くるま	テン ころがる ころぶ	ケイ かるい (かろやか)	グン ―	リン わ

※○数字はならう学年

転・軽

転

なりたち
もとの字は「轉」。「車(くるま)」と「專(まわる)」を合わせた字。車のようにくるくる回る、ころがる、ことを表《あらわ》す。

11画

練習 とめる↑

読み方
テン
ころがる
ころげる
ころがす
ころぶ

意味
・回る
・ころぶ

❶ 「転」を書きましょう。

角でころ□ぶ。

じ［自］てん□□車《しゃ》。

❷ 読みがなを書きましょう。

角で転ぶ。（　　）

自転車に乗《の》る。（　　）

軽

なりたち
もとの字は「輕」。「車(くるま)」と「巠(まっすぐ)」を合わせた字。まっすぐにすいすい走る戦車《せんしゃ》から、かるいことを表す。

12画

練習 「士」としない

読み方
ケイ
かるい
(かろやか)

意味
・かるい
・すばやい

❶ 「軽」を書きましょう。

かる□い箱《はこ》。

けい□かいな曲《きょく》。

（かろやかで気もちのよい曲）

❷ 読みがなを書きましょう。

軽い箱から運《はこ》ぶ。（　　）

軽かいな曲が流《なが》れる。（　　）

ドリル

□点
1つ・5点

❶ ―線の漢字《かんじ》の読みがなを書きましょう。

① 今と昔のちがい。（　　）
② 軽くはねる。（　　）
③ 夏の暑さ。（　　）
④ 昭和六十四年。（　　）
⑤ 森の暗がり。（　　）
⑥ 昔話をきく。（　　）
⑦ 角で転ぶ。（　　）
⑧ 合計を暗算する。（　　）
⑨ 軽かいな音楽。（　　）
⑩ 自転車に乗《の》る。（　　）

❷ 読みがなにあう漢字を書きましょう。

① あつ□い日。
② しょうわ□生まれ。
③ じてんしゃ□。
④ しょちゅう□みまい。
⑤ おおむかし□。
⑥ かる□い箱《はこ》を運《はこ》ぶ。
⑦ あんき□する。
⑧ 角でころ□ぶ。
⑨ けい□かいな曲《きょく》。
⑩ くら□い夜道。

15 「广《まだれ》」のつく漢字《かんじ》

度・庫・庭

广

なりたち

「广《まだれ》」は、建物《たてもの》の屋根《やね》の形をえがいたもので、「たてもの」「いえ」という意味《いみ》を表《あらわ》します。

「广」のつく漢《かん》字《じ》には、家・屋根に関係《かんけい》するものがあります。

※○数字は習う学年

漢字	おもな読み方
広②	コウ ひろい ひろがる
店②	テン みせ
度③	ド・(ト) (タク) (たび)
庫③	コ (ク)
庭③	テイ にわ
底④	テイ そこ
府④	フ
康④	コウ

度

読み方
ド
(ト)・(タク)
(たび)

意味
•ものごとのていど
•回数

なりたち
「庶」をかんたんにした「产(つながる)」と「又(て)」を合わせた字で、手で一回ずつ長さをはかることを表《あらわ》す。

9画

練習
「廿」としない

1 「度」を書きましょう。

水の温度《おんど》。

車の速度《そくど》。

何度《なんど》も言う。

今度《こんど》の休み。

2 読みがなを書きましょう。

水の温度をはかる。(　　)

車の速度。(　　)

母に何度も言う。(　　)

今度の休みの日。(　　)

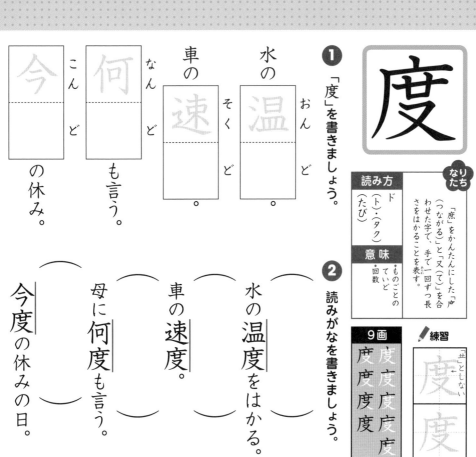

庫

なりたち
「广（やね）」と「車（くるま）」を合わせた字。車を入れておく屋根《やね》のある建物《たてもの》を表《あらわ》す。

読み方
コ
（ク）

意味
・ものをしまっておくたてものや入れもの

10画

練習
やや長く

❶ 「庫」を書きましょう。

しゃこ　車□。

きんこ　金□。

れいぞうこ　冷《れい》ぞう□。

ぶんこ　学級《がっきゅう》文□。

❷ 読みがなを書きましょう。

車庫（　　）に車を入れる。

がんじょうな金庫（　　）。

冷《れい》ぞう庫（　　）の中身《なかみ》。

学級文庫（　　）の本。

庭

なりたち
「广（やね）」と「廷《たい》（平らにのばす）」を合わせた字で、屋根《やね》の下の平らになっている場所《ばしょ》の中にわを表す。

読み方
テイ
にわ

意味
・にわ
・ものごとを行うところ

10画

練習
つき出す

❶ 「庭」を書きましょう。

にわ　□の花。

なかにわ　学校の中□。

こうてい　広い校□。

かてい　明るい家□。

❷ 読みがなを書きましょう。

庭（　　）の花がさく。

学校の中庭（　　）。

広い校庭（　　）。

明るい家庭（　　）。

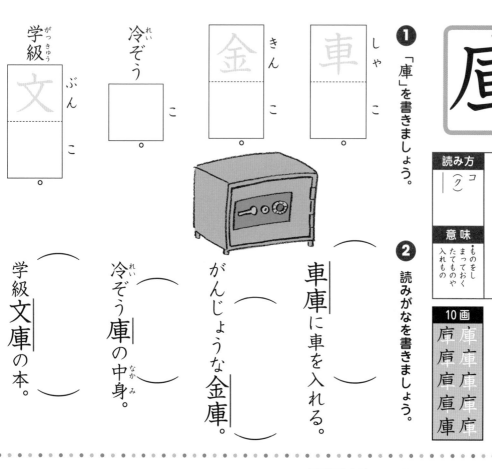

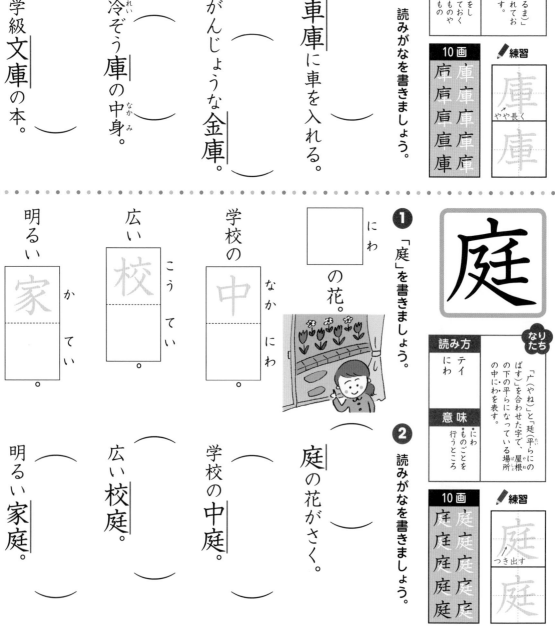

目

なりたち

「目《め・めへん》」は、人のめの形をえがいた字です。
「目」のつく漢《かん》字《じ》には、目のはたらきや見ることに関係《かんけい》するものがあります。

※○数字は習う学年

漢字	おもな読み方
目①	モク（ボク） め・（ま）
直②	チョク・ジキ ただちに なおす
県③	ケン —
相③	ソウ（ショウ） あい
真③	シン ま
省④	セイ・ショウ （かえりみる） はぶく

（着→108ページ）

相

なりたち
「木（き）」と「目（め）」を合わせた字。木に向《む》かい合って見ることから、あいてを表《あらわ》す。

読み方	意味
ソウ（ショウ） あい	•ようす •いっしょに •つぎつぎに

9画
相相相相相相相相相

練習
相 相

❶「相」を書きましょう。

遊《あそ》び□《あい》手《て》。

□《あい》次《つ》ぐ問題《もんだい》。

□《そう》談《だん》する。

手《て》□《そう》をみる。

❷ 読みがなを書きましょう。

弟の遊び相手。（　　）

相次ぐ問題。（　　）

先生に相談する。（　　）

手相をみる。（　　）

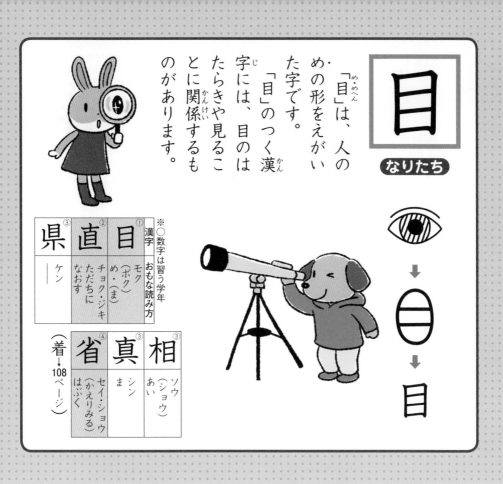

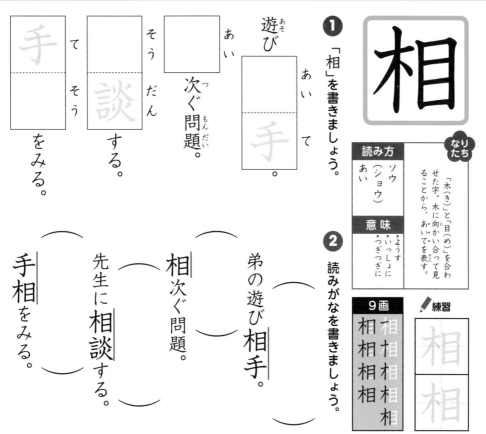

県

なりたち もとの字は「縣」で、「県(ぶら下がる)」と「系(つなぐ)」を合わせた字。国の下にぶら下がってつながる地区《ちく》を表《あらわ》す。

読み方 ケン ―

意味 ・地方自治体《じち》の一つ

9画 県 県 県 県 県 県 県 県 県

練習 県 県（とめる）

❶「県」を書きましょう。

青森《あおもり》□《けん》。

都道府《とどうふ》□《けん》。

□《けん》の産業《さんぎょう》。

□道《けんどう》を走る。

❷ 読みがなを書きましょう。

青森県の湖《みずうみ》。（　　）

四十七都道府《とどうふ》県。（　　）

県の産業《さんぎょう》。（　　）

県道を走る。（　　）

真

なりたち もとの字は「眞」で、「匕(さじ)」と「県(食器《しょっき》)」を合わせた字。さじで食器に食べ物《もの》をいっぱいにすることから、不足《ふそく》がない意味《いみ》を表す。

読み方 シン ま

意味 ・本当 ・まったくの

10画 真 真 真 真 真 真 真 真 真 真

練習 真 真（長く）

❶「真」を書きましょう。

写□《しゃしん》をとる。

□実《しんじつ》を知る。

□夏《まなつ》。

円の□《ま》ん中《なか》。

❷ 読みがなを書きましょう。

写真をとる。（　　）

真実を知る。（　　）

真夏の日ざし。（　　）

円の真ん中。（　　）

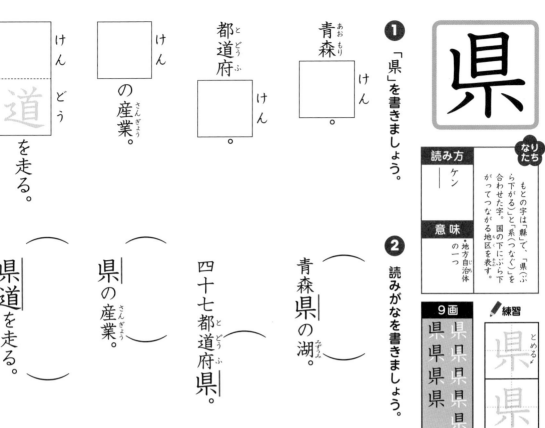

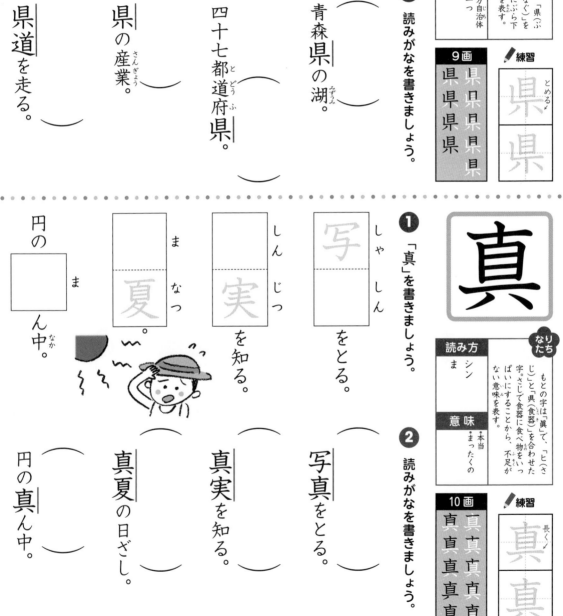

ドリル

点

1つ・5点

❶ ―線の漢字《かんじ》の読みがなを書きましょう。

① 県道を走る。（　　　）

② 学校の中庭。（　　　）

③ 相次《つ》ぐ問題《もんだい》。（　　　）

④ 真実を話す。（　　　）

⑤ 何度も言う。（　　　）

⑥ 校庭に集《あつ》まる。（　　　）

⑦ 真夏の日ざし。（　　　）

⑧ 車庫にしまう。（　　　）

⑨ 手相をみる。（　　　）

⑩ 学級《がっきゅう》文庫の本。（　　　）

❷ 読みがなにあう漢字を書きましょう。

① □《にわ》の花。

② 車の□□《そくど》。

③ 青森□《けん》。

④ 写□《しゃしん》をとる。

⑤ 円の□《ま》ん中。

⑥ 明るい□□《かてい》。

⑦ 冷《れい》ぞう□《こ》。

⑧ 遊《あそ》び□□《あいて》。

⑨ □談《そうだん》する。

⑩ 水の□□《おんど》。

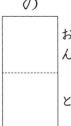

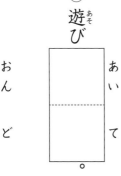

まとめドリル

点

1つ・5点

1 読みがなにあう漢字《かんじ》を書きましょう。

① 今と□《むかし》。

② 円の□《ま》ん中《なか》。

③ 歌の□《れん》習《しゅう》。

④ □《しょう》和《わ》生まれ。

⑤ 角で□《ころ》ぶ。

⑥ 開《かい》□《し》時間。

⑦ 冷《れい》ぞう□《こ》。

⑧ □《けい》かいな曲《きょく》。

⑨ 青森《あおもり》□《けん》。

⑩ 親に□《そう》談《だん》する。

2 読みがなにあう漢字を書きましょう。

① □□《がっきゅう》会《かい》。

② 明るい□□《かてい》。

③ 山の□□《しんりょく》。

④ 図書□□《いいん》。

⑤ 水の□□《おんど》。

⑥ □□《しょちゅう》みまい。

3 次《つぎ》のことばを漢字と送《おく》りがなで〔　〕に書きましょう。

① 〔　〕《かるい》箱《はこ》。

② 休みが〔　〕《おわる》。

③ 〔　〕《くらい》夜道。

④ そうじを〔　〕《はじめる》。

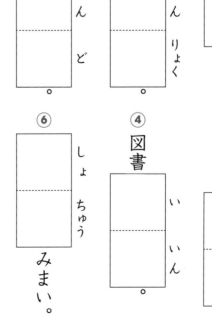

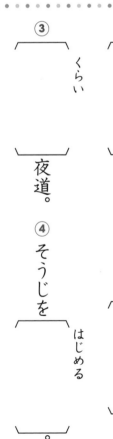

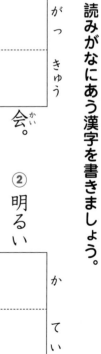

「田《た・たへん》」のつく漢字《かんじ》

畑・申・由・界

田

なりたち

「田《た・たへん》」は、四角にくぎられたた・ん・ぼの形をえがいた字です。

「田」のつく漢《かん》字《じ》には、田や畑《はたけ》、またくぎることに関係《かんけい》するものが多くあります。

※〇数字は習う学年

漢字	おもな読み方
田①	デン た
男①	ダン ナン おとこ
町①	チョウ まち
画②	ガ カク —
番②	バン —
申③	（シン） もうす
由③	ユ・ユウ （ユイ） （よし）
界③	カイ —
畑③	— はた はたけ

畑

読み方

—
はた
はたけ

意味

・はたけ

なりたち

「火（ひ）」と「田（た）」を合わせた字。草をやいてひりょうにして作るは・た・けを表《あらわ》す。

9画

畑 畑 畑 畑 畑 畑 畑 畑 畑

練習

畑 畑

とめる

❶ 「畑」を書きましょう。

□《はたけ》をたがやす。

花《はな》□《ばたけ》を歩く。

田《た》□《はた》が広がる。

□《はた》作《さく》農《のう》家《か》。

❷ 読みがなを書きましょう。

畑（　　）をたがやす。

花畑（　　）を歩く。

田畑（　　）が広がる。

畑作（　　）農家。

申

なりたち
まっすぐのびるいなびかりの形をえがいた字。声をのばしてのべることを表《あらわ》す。

読み方
（シン）
もうす

意味
・目上の人に言う

5画
申 申 申 申 申

練習
つき出す
申 申

❶ 「申」を書きましょう。

□《もう》しこみ用紙。

□《もう》しわけない。

❷ 読みがなを書きましょう。

申（　　）しこみ用紙に書く。

申（　　）しわけなく思う。

由

なりたち
細い口のつぼをえがいた字で、中の物《もの》が口から出る様子《ようす》から、「…から」や「…通って」などを表す。

読み方
ユ
ユウ
（ユイ）
（よし）

意味
・わけ
・もとづく

5画
由 由 由 由 由

練習
つき出す
由 由

❶ 「由」を書きましょう。

自□《じゆう》。

理□《りゆう》。

名前の□来《ゆらい》。（名前のいわれ）

❷ 読みがなを書きましょう。

自由（　　）時間。

理由（　　）を話す。

名前の由来（　　）。

界

なりたち
「田(た)」と「介(分ける)」を合わせた字で、田を分けるさかい目を表す。

読み方
カイ
—

意味
・さかいめ
・社会

9画
界 界 界 界 界 界 界 界 界

練習
はらう
界 界

❶ 「界」を書きましょう。

世□《せかい》。

げん□《かい》。

国の境《きょう》□《かい》線《せん》。

❷ 読みがなを書きましょう。

世界（　　）地図。

力のげん界（　　）。

国の境《きょう》界（　　）線《せん》。

18 「月《つき・つきへん》」のつく漢字《かんじ》

服・期

なりたち 月

「月《つき・つきへん》」は、みかづきの形をえがいた字です。月や時間に関係《かんけい》するものがあります。

※○数字は習う学年

漢字	おもな読み方
月①	ゲツ ガツ つき
朝②	チョウ あさ
服③	フク
期③	キ (ゴ)
望④	ボウ (モウ) のぞむ

(勝→90ページ)

服

なりたち 「月(もとは舟《ふね》)」と「𠬝(つける)」を合わせた字。船べりにつける板《いた》のことから、体につける着物《きもの》を表《あらわ》す。

8画

練習 はねる

読み方 フク

意味 •きるもの •したがう

❶「服」を書きましょう。

ふく
□を着《き》る。

よう ふく
洋□。

❷ 読みがなを書きましょう。

服を着る。( )

赤い洋服を買う。( )

期

なりたち 「其(きちんとしている)」と「月(つき)」を合わせた字。月の形がひと月できちんともどることから、決《き》まった時間を表す。

12画

練習 出す

読み方 キ (ゴ)

意味 •きめられた時間 •あてにしてまつ

❶「期」を書きましょう。

がっ き
二《に》学□。

き かん
□間。

❷ 読みがなを書きましょう。

二学期の始業式《しぎょうしき》。( )

安《やす》売《う》りの期間。( )

ドリル

点
1つ・5点

❶ ―線の漢字《かんじ》の読みがなを書きましょう。

① 服をぬぐ。（　）
② 理由を話す。（　）
③ 花畑を歩く。（　）
④ 店で洋服を買う。（　）
⑤ 世界記録《きろく》。（　）
⑥ 長い期間。（　）
⑦ 申しわけない。（　）
⑧ 畑作農家《のうか》。（　）
⑨ 力のげん界。（　）
⑩ 地名の由来。（　）

❷ 読みがなにあう漢字を書きましょう。

① □《はたけ》をたがやす。
② □□《じゆう》時間。
③ □《ふく》を着《き》る。
④ 二□□《がっき》。
⑤ 短《みじか》い□□《きかん》。
⑥ 広い□□《たはた》。
⑦ 赤い□□《ようふく》。
⑧ 名前の□□《ゆらい》。
⑨ 世□《せかい》地図。
⑩ □《もう》し こみ書。

19 「力《ちから》」のつく漢字《かんじ》

助・勉・動・勝

力

なりたち

「力《ちから》」は、ちからをぎゅっと入れた、うでの形をえがいた字です。

「力」のつく漢《かん》字《じ》には、いっしょうけんめいに何かをすることに関《かん》係《けい》するものがあります。

※○数字は習う学年

漢字	おもな読み方
力①	リョク リキ ちから
助③	ジョ たすける (すけ)

勉③	動③	勝③	加④	功④	努④	労④	勇④
ベン —	ドウ うごく うごかす	ショウ かつ (まさる)	カ くわえる くわわる	コウ (ク) —	ド つとめる	ロウ —	ユウ いさむ

助

読み方
ジョ
たすける
たすかる
(すけ)

意味
•力をかす
•手つだう
•たすけてはたらく

なりたち
「且（物《もの》を重《かさ》ねる）」と「力（ちから）」を合わせた字。力を重ねること、力をかしてたすけることを表《あらわ》す。

7画
助 助 助 助 助 助 助

練習
助 助
はらう

1 「助」を書きましょう。

子犬を□(たす)ける。

命《いのち》が□(たす)かる。

□(じょ)手(しゅ)。

けが人の救《きゅう》□(じょ)。

2 読みがなを書きましょう。

子犬を助ける。（　　）

命が助かる。（　　）

先生と助手。（　　）

けが人の救《きゅう》助。（　　）

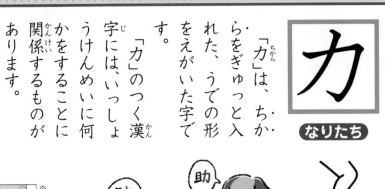

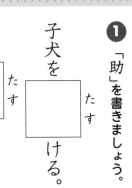

勉

なりたち
「免（ぬけ出る）」と「力（ちから）」を合わせた字。せまい所《ところ》をぬけ出るためにカを入れることを表《あらわ》す。

読み方	意味
ベン	・はげむ ・つとめる

10画

練習（はねる）

❶「勉」を書きましょう。

国語の□（べん）強（きょう）。

□（べん）学（がく）にはげむ。

❷ 読みがなを書きましょう。

国語の勉強。（　　）

勉学にはげむ。（　　）

動

なりたち
「重（足に重《おも》みをかける）」と「力（ちから）」を合わせた字。足に力を入れると体がうごくことを表す。

読み方	意味
ドウ うごく うごかす	・うごく ・はたらく ・行う

11画

練習（はらう）

❶「動」を書きましょう。

体が□（うご）く。

運（うん）□（どう）会《かい》。

自（じ）□（どう）ドア。

❷ 読みがなを書きましょう。

体が動く。（　　）

運動会の日。（　　）

自動ドアが開《ひら》く。（　　）

勝

なりたち
「朕（舟《ふね》を持ち上げる）」と「力（ちから）」を合わせ、力を入れて重《おも》さにたえること、たえてかつことを表す。

読み方	意味
ショウ かつ （まさる）	・あい手をまかす ・すぐれている

12画

練習（「刀」としない）

❶「勝」を書きましょう。

てきに□（か）つ。

□（か）ち負《ま》け。

□（しょう）負（ぶ）がつく。

❷ 読みがなを書きましょう。

てきに勝つ。（　　）

勝ち負け。（　　）

勝負がつく。（　　）

20 「金《かね》・釒《かねへん》」のつく漢字《かんじ》

金

なりたち

「金《かね》」は、土の中にきんぞくのつぶがちらばっている様子《ようす》をえがいた字です。

※○数字は習う学年

漢字	おもな読み方
金①	キン・コン かね かな
鉄③	テツ
銀③	ギン
録④	ロク
鏡④	キョウ かがみ

鉄

なりたち
もとの字は「鐵」。「金（きんぞく）」と「戈（たつ）」と「呈（まっすぐ）」を合わせ、まっすぐに切れる金ぞくのてつを表《あらわ》す。

13画

練習 出す

読み方
テツ

意味
・てつ
・てつ道のこと

1 「鉄」を書きましょう。

□《てつ》ぼう。 地下《ちか》□《てつ》。

2 読みがなを書きましょう。

鉄ぼうで遊《あそ》ぶ。（　　）

地下鉄に乗《の》る。（　　）

銀

なりたち
「金（きんぞく）」と「艮（ずっとのこる）」を合わせた字。さびないで光りつづけるぎんを表す。

14画

練習 はらう

読み方
ギン

意味
・ぎん
・お金

1 「銀」を書きましょう。

□《ぎん》メダル。 □行《ぎんこう》。

2 読みがなを書きましょう。

銀メダルを取《と》る。（　　）

駅前《えきまえ》の銀行。（　　）

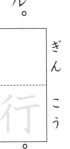

ドリル

点

1つ・5点

❶ ─線の漢字《かんじ》の読みがなを書きましょう。

① 命《いのち》が**助**かる。（　　）

② **勉学**にはげむ。（　　）

③ **勝**ち負《ま》け。（　　）

④ **銀行**の通帳《つうちょう》。（　　）

⑤ 自由《じゆう》に**動**く。（　　）

⑥ **運動会**の日。（　　）

⑦ **鉄**ぼうで遊《あそ》ぶ。（　　）

⑧ **勝負**がつく。（　　）

⑨ 先生の**助手**。（　　）

⑩ **地下鉄**に乗《の》る。（　　）

❷ 読みがなにあう漢字を書きましょう。

① □《てつ》ぼう。

② 駅前《えきまえ》の□□《ぎんこう》。

③ けが人の救《きゅう》□《じょ》。

④ 国語の□□《べんきょう》。

⑤ □《ぎん》メダル。

⑥ 体が［　《うご》］く。

⑦ □□《じどう》ドア。

⑧ てきに［　《か》］つ。

⑨ □負《しょうぶ》。

⑩ 子犬を［　《たす》］ける。

院・階・陽

なりたち

阝

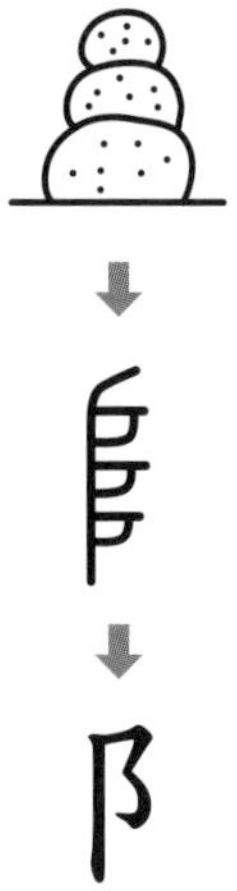

「阝《こざとへん》」は、もり上げた土の様子《ようす》をえがいた形で、「おか・山」の意《い》味《み》を表《あらわ》します。

「阝」のつく漢《かん》字《じ》には、おかの様子や階《かい》だんに関《かん》係《けい》するものがあります。

阝《おおざと》 右のように、「阝」が漢字の右がわにつくものは、117ページを見てね。

※〇数字は習う学年

漢字	おもな読み方
院③	イン
階③	カイ
陽③	ヨウ
阪④	（ハン）
陸④	リク
隊④	タイ

院

読み方	イン
意味	・大きなたてもの

なりたち 「阝（もった土）」と「完（やねでかこむ）」を合わせた字。家のまわりにかこいのあるりっぱな建物《たてもの》を表《あらわ》す。

10画 院院院院院院院院院院

練習 院 院（はねる）

1 「院」を書きましょう。

市内の□《びょう》□《いん》。

□《にゅう》□《いん》する。

近くの□《い》□《いん》。

美容《びよう》□《いん》。

2 読みがなを書きましょう。

市内の病院。（　　）

二週間入院する。（　　）

近くの医院。（　　）

美容《びよう》院のかん板《ばん》。（　　）

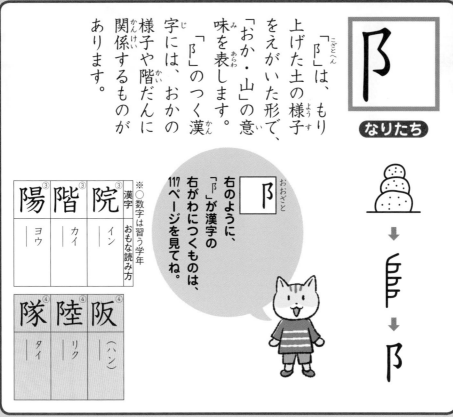

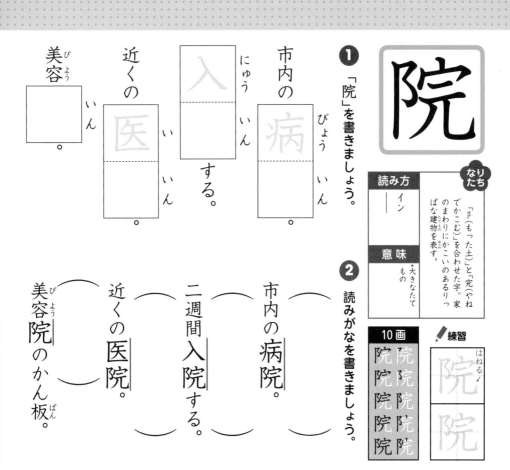

階

なりたち
「阝」(もった土)と「皆」(きちんとそろう)を合わせた字。一だんずつ高さのそろったかいだんを表す。

12画

階階階階階階

✎練習

階
階

読み方　カイ

意味　・のぼりおりするための、・だん

❶ 「階」を書きましょう。

二[　]かい だて。

[　]かい [　]だん。

❷ 読みがなを書きましょう。

二階だて。（　）

長い階だん。（　）

デパートの五階。（　）

陽

なりたち
「阝」(おか)と「昜」(日がのぼって明るい)を合わせた字で、明るくてらすたいようを表す。

12画

陽陽陽陽陽

✎練習

陽
陽

読み方　ヨウ

意味　・たいよう ・外にあらわれる

❶ 「陽」を書きましょう。

たいよう [太]

ようき [　]気

ようこう（たいようの光）[光]

❷ 読みがなを書きましょう。

太陽がのぼる。まぶしい陽光。（　）（　）

陽気な人。（　）

「階」の書き方に注意！

「階」の「比」の部分(ぶぶん)は、書き方をまちがえやすいので、しっかりおぼえておきましょう。

形はにているけど、左と右とでは、ぜんぜんちがっているよ。

左から右へ。　右から左へ。　はねるよ。　おるよ。　はらうよ。　まげるよ。　比　階

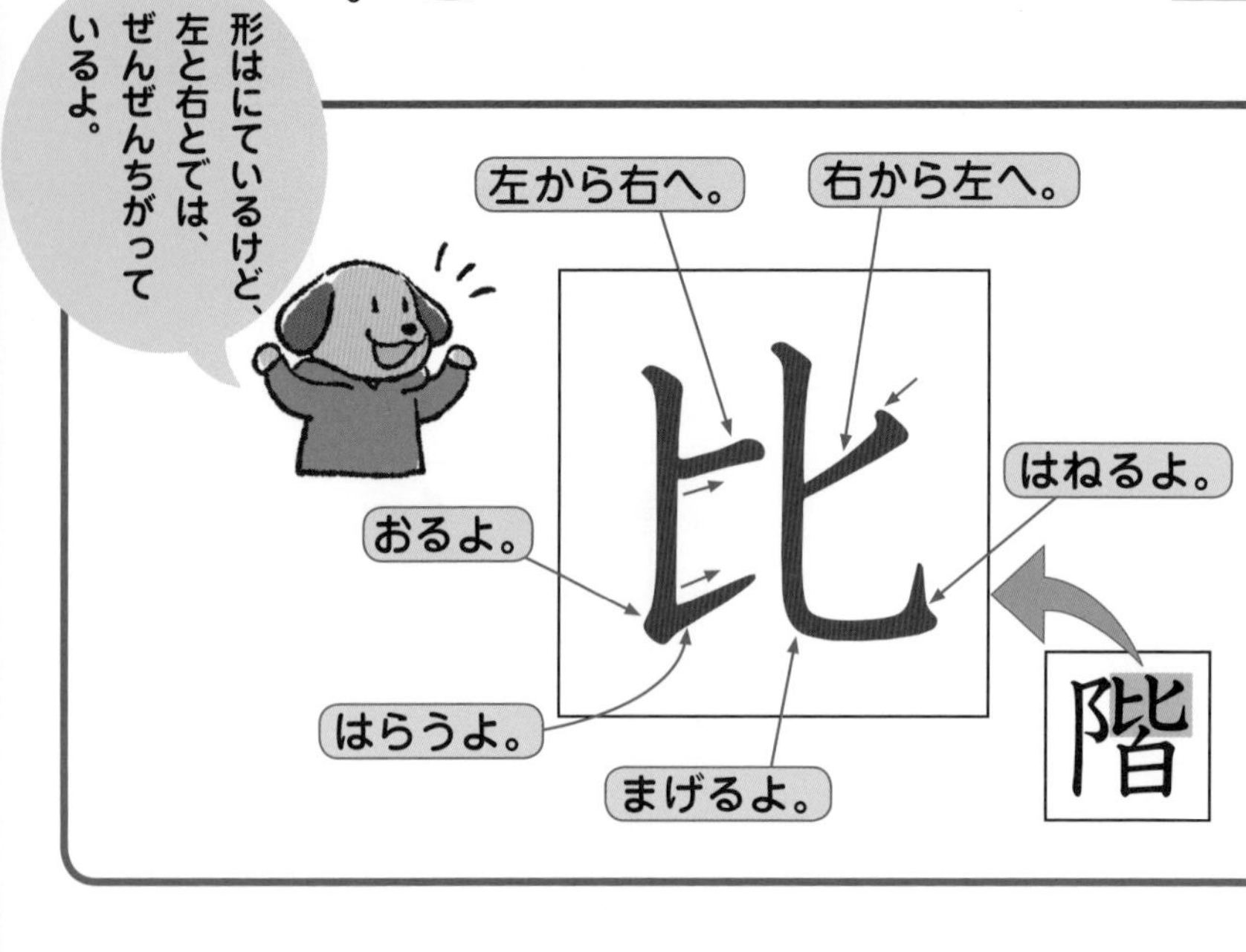

22 「言《いう・ごんべん》」のつく漢字《かんじ》

詩・談・調

言 なりたち

「言《いう・ごんべん》」は、「辛（するどいはもの）」と「口」とを合わせてできた字で、「はぎれよく話《はな》す」という意味《いみ》を表《あらわ》します。

「言」のつく漢《かん》字《じ》には、言うことやことばに関《かん》係《けい》するものが多くあります。

※○数字は習う学年

漢字	おもな読み方
言②	ゲン・ゴン いう こと
計②	ケイ はかる はからう
記②	キ しるす
話②	ワ はなす はなし
語②	ゴ かたる かたらう
読②	ドク・トク トウ よむ
詩③	シ ―
談③	ダン ―
調③	チョウ しらべる (ととのう)
訓④	クン ―
試④	シ こころみる (ためす)
説④	セツ (ゼイ) とく
課④	カ ―
議④	ギ ―

詩

読み方
シ
―

意味
・心にかんじたことをリズムをもつ形であらわしたもの

なりたち
「言（ことば）」と「寺（手足を動《うご》かす）」を合わせた字。心の動《うご》きをことばにとどめたしを表《あらわ》す。

13画
詩 詩 詩 詩 詩 詩 詩 詩 詩 詩 詩 詩 詩

練習
詩（はねる）
詩

1 「詩」を書きましょう。

し［　　］を作る。

し［　　］を読む。

外国の し［　　］じん［人］。

し［　　］しゅう［集］の表《ひょう》紙《し》。

2 読みがなを書きましょう。

自分で詩（　　）を作る。

有《ゆう》名《めい》な詩（　　）を読む。

外国の詩人（　　）。

美《うつく》しい詩集（　　）の表紙。

談

なりたち
「言（いう）」と「炎（火がさかんにもえる）」を合わせた字。さかんにしゃべることを表《あらわ》す。

読み方	意味
ダン	・話をする ・話やものがたり

15画

練習

❶ 「談」を書きましょう。

そうだん 相□する。

首《しゅ》のうかいだん 会□。

たいだん 対□の形式《けいしき》。

じょうだん □を言う。

❷ 読みがなを書きましょう。

親に相談する。（　）

日米《にちべい》首のう会談。（　）

対談の形式。（　）

じょう談を言う。（　）

調

なりたち
「言（ことば）」と「周（全体《ぜんたい》に行きわたる）」を合わせた字。全体に行きわたるようにしらべることを表す。

読み方	意味
チョウ しらべる （ととのう ととのえる）	・ととのえる ・そろえる ・しらべる ・ぐあい

15画

練習調調調調調調調調調 調はねる↑

❶ 「調」を書きましょう。

本で□《しら》べる。

フルートの□《しら》べ。

体の ちょうし □子。

たいちょう 体□が悪《わる》い。

❷ 読みがなを書きましょう。

本で調べる。（　）

フルートの調べ。（　）

体の調子がよい。（　）

体調が悪い。（　）

ドリル

□点

1つ・5点

❶ —線の漢字《かんじ》の読みがなを書きましょう。

① フルートの調べ。（　　）

② 外国の詩人。（　　）

③ 二週間の入院。（　　）

④ 対談の形式《けいしき》。（　　）

⑤ まぶしい陽光。（　　）

⑥ デパートの五《ご》階。（　　）

⑦ 近くの医院。（　　）

⑧ 体調が悪《わる》い。（　　）

⑨ 詩集の表紙《ひょうし》。（　　）

⑩ 首《しゅ》のう会談。（　　）

❷ 読みがなにあう漢字を書きましょう。

① □□《たいよう》の光。

② 体の□□《ちょうし》。

③ 二《に》□《かい》だて。

④ 市内の病□《びょういん》。

⑤ じょう□《だん》を言う。

⑥ □□《ようき》な人。

⑦ □《し》を読む。

⑧ 親に□□《そうだん》する。

⑨ □《かい》だんを上る。

⑩ 本で［　］《しら》べる。

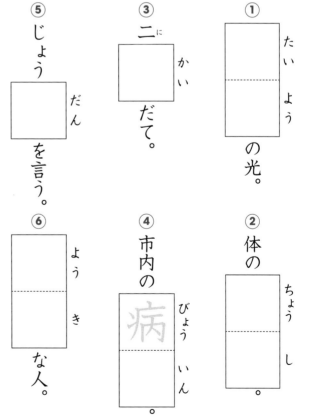

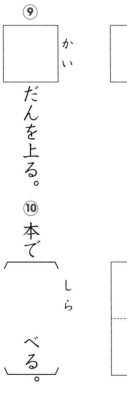

まとめドリル

□点
1つ・5点

1 読みがなにあう漢字《かんじ》を書きましょう。

① □《し》を読む。

② □《てつ》ぼうで遊《あそ》ぶ。

③ 世《せ》□《かい》地図。

④ □《はたけ》をたがやす。

⑤ □《ふく》を着《き》る。

⑥ □《しょう》負《ぶ》がつく。

⑦ □《ぎん》メダル。

⑧ てきに□《か》つ。

⑨ 市内の病《びょう》□《いん》。

⑩ □《かい》だんを上る。

2 読みがなにあう漢字を書きましょう。

① 短《みじか》い□□《きかん》。

② 親に□□《そうだん》する。

③ □□《ようき》な人。

④ □□《うんどう》会《かい》。

⑤ □□《べんきょう》時間。

⑥ 名前の□□《ゆらい》。

3 次《つぎ》のことばを漢字と送《おく》りがなで〔　〕に書きましょう。

① 体が〔　〕《うごく》。

② 〔　〕《もうし》こみ書。

③ 本で〔　〕《しらべる》。

④ 子犬を〔　〕《たすける》。

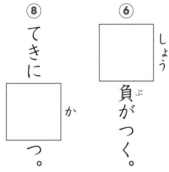

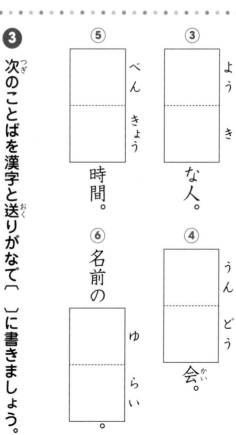

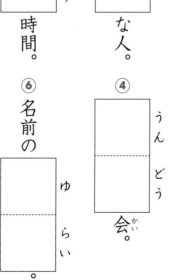

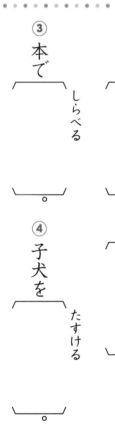

23 「示《しめす》・ネ《しめすへん》」のつく漢字《かんじ》

祭・礼・神・福

示

なりたち

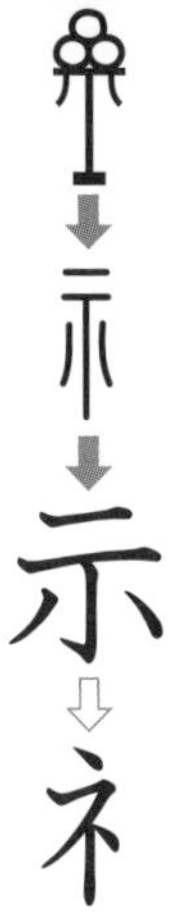

「示《しめす》」は、「ネ《しめすへん》」のもとの字で、神様《かみさま》をまつる祭《さい》だんをえがいた字です。

「示」や「ネ」のつく漢字《かんじ》には、神様や祭《まつ》りに関《かん》係《けい》するものが多くあります。

「ネ」によくにたものに「衤《ころもへん》」があるよ。まちがえないようにしてね。

※○数字は習う学年

漢字	おもな読み方
社②	シャ やしろ
礼③	レイ （ライ） ―
神③	シン・ジン かみ （かん）・（こう）
祭③	サイ まつる まつり
福③	フク ―
祝④	シュク （シュウ） いわう
票④	ヒョウ ―
示⑤	ジ （シ） しめす

祭

読み方	意味
サイ まつる まつり	・神やそせんなどをまつる ・ぎょうじ

なりたち
「夕（肉）」と「又（て）」と「示（さいだん）」を合わせた字で、そなえものの肉を手できれいにしてまつることを表《あらわ》す。

11画
祭 祭 祭 祭 祭 祭 祭 祭 祭 祭 祭

練習
祭 はねる
祭

1 「祭」を書きましょう。

夏の［まつ］り。

ひな［まつ］り。

秋の文化《ぶんか》［さい］。

春の［さい］［日《じつ》］。

2 読みがなを書きましょう。

夏の祭（　）り。

ひな祭（　）りをいわう。

秋の文化祭（　）。

春の祭（　）日。

礼

なりたち
もとの字は「禮」。「示（さいだん）」と「豊（おそなえ物《もの》）」を合わせ、祭《まつ》りのときの作法《さほう》やれいぎを表《あらわ》す。

読み方	意味
レイ（ライ） ―	・さほうやぎしき ・かんしゃのことば

5画

練習 礼 はねる↑

❶ 「礼」を書きましょう。

お□《れい》を言う。

朝□《ちょうれい》。

失《しっ》□《れい》なことば。

❷ 読みがなを書きましょう。

お礼（　　）を言う。

朝礼（　　）が始《はじ》まる。

失《しっ》礼（　　）なことば。

神

なりたち
「ネ（さいだん）」と「申（いなずま）」を合わせ、いなずまのかみさまや、かみさまのようなふしぎな力を表す。

読み方	意味
シン ジン かみ （かん）・（こう）	・かみ ・心

9画

練習 神 ←出す

❶ 「神」を書きましょう。

□様《かみさま》。

□社《じんじゃ》。

ギリシャ□話《しんわ》。

❷ 読みがなを書きましょう。

山の神様（　　）。

神社（　　）の建物《たてもの》。

ギリシャ神話（　　）。

福

なりたち
「ネ（さいだん）」と「畐（酒《さけ》がたっぷり入ったつぼ）」を合わせた字で、神様のめぐみがゆたかでしあわせなことを表す。

読み方	意味
フク ―	・さいわい ・しあわせ

13画

練習 福 わすれずに

❶ 「福」を書きましょう。

幸□《こうふく》。

□《ふく》の神《かみ》。

□引《ふくび》きのけん。

❷ 読みがなを書きましょう。

幸福（　　）な人生。

福（　　）の神。

福引（　　）きのけん。

「彳」のつく漢字 ▼ 役 待

彳

なりたち

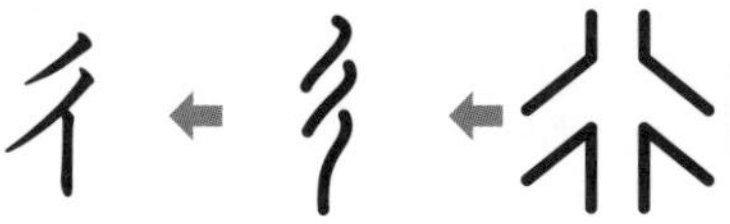

「彳《ぎょうにんべん》」は、十字《じゅうじ》路《ろ》の左半分をえがいた形です。行くことや行うことに関係《かんけい》するものがあります。

「亻《にんべん》」とにているよ。まちがえないでね。

※○数字は習う学年

漢字	おもな読み方
後②	ゴ・コウ のち・あと うしろ
役③	ヤク （エキ）
待③	タイ まつ
径④	ケイ
徒④	ト
徳④	トク

役・待

役

なりたち 「彳(行く)」と「殳(ぶきを持《も》った手)」を合わせた字で、ぶきを持って仕事《しごと》をすることから、仕事ややくめを表《あらわ》す。

7画 役 役 役 役 役 役 役

練習 役 役 ←はねる

読み方 ヤク （エキ）

意味
- つとめ
- げきなどでのうけもち

❶ 「役」を書きましょう。

□《やく》に立つ。

□《やく》わり。

❷ 読みがなを書きましょう。

すぐ役に立つ。（　　）

会での役わり。（　　）

待

なりたち 「彳(道)」と「寺(とまる)」を合わせた字で、道で足を止めてまつことを表す。

9画 待 待 待 待 待 待 待 待 待

練習 待 待 はねる←

読み方 タイ まつ

意味
- あてにしてまちうける
- もてなす

❶ 「待」を書きましょう。

駅《えき》で□《ま》つ。

期《き》□《たい》。

❷ 読みがなを書きましょう。

駅で父を待つ。（　　）

プレゼントを期待する。（　　）

ドリル

点

1つ・5点

❶ ―線の漢字《かんじ》の読みがなを書きましょう。

① 福の神《かみ》。（　　）

② 近くの神社。（　　）

③ ひな祭り。（　　）

④ 少し期待する。（　　）

⑤ 役を決《き》める。（　　）

⑥ 朝礼が始《はじ》まる。（　　）

⑦ 公園で待つ。（　　）

⑧ ギリシャ神話。（　　）

⑨ 失《しっ》礼なことば。（　　）

⑩ 祭日のある月。（　　）

❷ 読みがなにあう漢字を書きましょう。

① □《やく》に立つ。

② 山の□□《かみさま》。

③ 文化《ぶんか》□《さい》。

④ 幸□《こうふく》な人生。

⑤ お□《れい》を言う。

⑥ □□《しんわ》を読む。

⑦ 自分の□《やく》わり。

⑧ 父を〔　《ま》つ〕。

⑨ □□《きたい》する。

⑩ 夏の〔　《まつ》り〕。

25 「又《また》」のつく漢字《かんじ》

反・取・受

又

なりたち

「又《また》」は、ものをかばうように曲《ま》げた右の手の形をえがいた字です。
「又」のつく漢字《かんじ》には、かばうことや手のはたらきに関係《かんけい》するものがあります。

又

「又」の左上の部分《ぶぶん》は、くっつけないで、少しはなすよ。

※○数字は習う学年

漢字	おもな読み方
友②	ユウ とも
反③	ハン (ホン)・(タン) そる
取③	シュ とる
受③	ジュ うける うかる

反

なりたち
「厂(うすいいたやぬの)」と「又(て)」を合わせた字で、手で打つとそり返《かえ》ることから、さからうやそることを表《あらわ》す。

読み方
ハン (ホン)・(タン)
そる
そらす

意味
●もとにもどる
●さからう
●まがる

4画
反 反 反 反

練習
反 反
はらう

1 「反」を書きましょう。

はんたい
□対の方向《ほうこう》。

はん
光が□しゃする。

そ
板《いた》が□る。(板が弓のようにまがる)

そ
体を□らす。

2 読みがなを書きましょう。

反対の方向に行く。（　　）

光が反しゃする。（　　）

板が反る。（　　）

体を反らす。（　　）

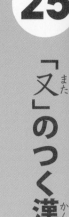

取

なりたち
「耳（みみ）」と「又（て）」を合わせた字。手で耳をつかむことから、手にとることを表《あらわ》す。

読み方
シュ
とる

意味
•手にもつ
•自分のものにする

8画
取取取取取取取取

練習
取 はらう
取

❶ 「取」を書きましょう。

手に［　］《と》る。

［　］《と》り外《はず》す。

新聞の［　］《しゅ》材《ざい》。

先［　］点《せんしゅてん》。

❷ 読みがなを書きましょう。

本を手に取（　　）る。

ピンを取（　　）り外す。

新聞の取（　　）材《ざい》。

先取点（　　）をあげる。

受

なりたち
「爫（上からのびたて）」と「又（下から出したて）」と「冖（物《もの》）」を合わせた字で、一人が出した物を、もう一人がうけとることを表す。

読み方
ジュ
うける
うかる

意味
•うけとる
•こうむる

8画
受受受受受受受受

練習
受 右から
受

❶ 「受」を書きましょう。

ボールを［　］《う》ける。

［　］《う》け取《と》る。

電話の［　］《じゅ》話器《わき》。

［　］《じゅ》験《けん》勉強《べんきょう》。

❷ 読みがなを書きましょう。

ボールを受（　　）ける。

荷物《にもつ》を受（　　）け取る。

電話の受（　　）話器《わき》。

高校の受（　　）験《けん》勉強。

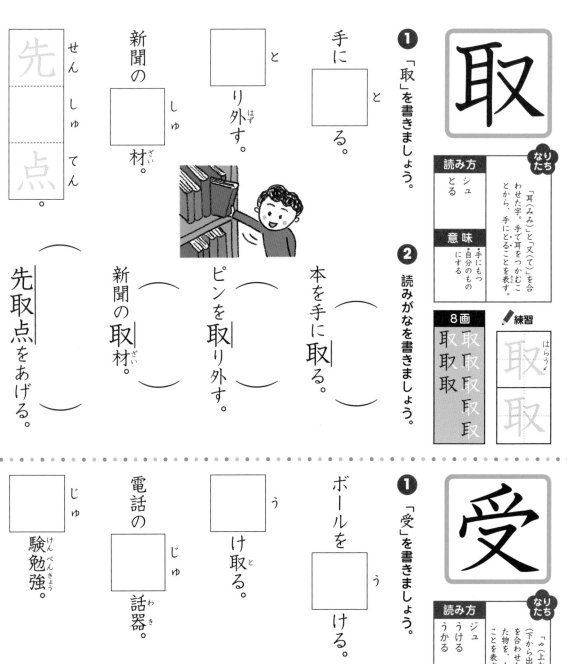

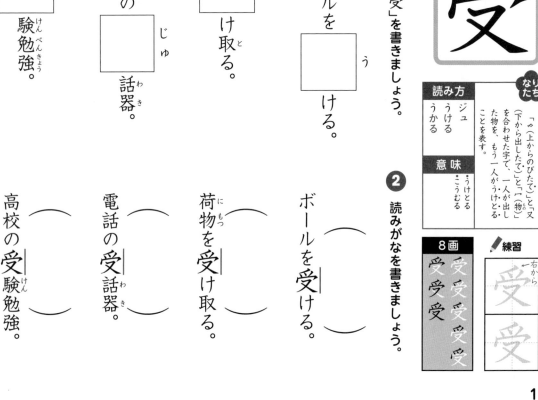

尸

なりたち

「尸《しかばね》」は、かたくなった人間の体が横《よこ》たわっているすがたをえがいた形です。
「尸」のつく漢《かん》字《じ》には、人体や曲《ま》がったものに関係《かんけい》するものがあります。

※○数字は習う学年

漢字	おもな読み方
局③	キョク —
屋③	オク や

局

なりたち：もとの字は「㇕」と「㇗」と「口」を合わせたもので、家の中を一つ一つくぎったへやを表《あらわ》す。

7画

読み方：キョク —

意味：・しごとを分けた一つ一つ ・かぎられた場しょ

練習：はねる

① 「局」を書きましょう。

放送《ほうそう》［きょく］。
ゆうびん［きょく］。

② 読みがなを書きましょう。

放送局のアンテナ。（　）
市内のゆうびん局。（　）

屋

なりたち：「尸（おおったぬの）」と「至（いきどまり）」を合わせた字で、上からおおってふさいだやね・を表す。

9画

読み方：オク や

意味：・家 ・やね

練習：はらう

① 「屋」を書きましょう。

おく［　］じょう［上］。
や［　］ね［根］。

② 読みがなを書きましょう。

ビルの屋上。（　）
赤い屋根の家。（　）

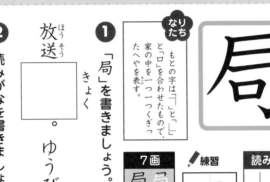

ドリル

点
1つ・5点

❶ ―線の漢字《かんじ》の読みがなを書きましょう。

① 荷物《にもつ》を<u>受</u>け取《と》る。（　　）

② ビルの<u>屋上</u>。（　　）

③ ピンを<u>取</u>り外す。（　　）

④ <u>反対</u>の方向《ほうこう》。（　　）

⑤ 板《いた》が<u>反</u>る。（　　）

⑥ <u>屋根</u>に登《のぼ》る。（　　）

⑦ ゆうびん<u>局</u>。（　　）

⑧ <u>先取点</u>をあげる。（　　）

⑨ <u>受</u>験《けん》勉《べん》強《きょう》。（　　）

⑩ <u>放送局</u>の建《たて》物《もの》。（　　）

❷ 読みがなにあう漢字を書きましょう。

① 光の［はん］しゃ。

② ゆうびん［きょく］。

③ 赤い［や｜ね］。

④ 電話の［じゅ］話器《わき》。

⑤ 放送《ほうそう》［きょく］。

⑥ 本を手に［と］る。

⑦ ［おく｜じょう］。

⑧ 体を［そ］らす。

⑨ 新聞の［しゅ］材《ざい》。

⑩ ボールを［う］ける。

27 「羊《ひつじ》」のつく漢字《かんじ》

羊・美・着

羊

なりたち

羊

羊

「羊《ひつじ》」は、角《つの》のあるひつじの頭をえがいた字です。

羊の肉《にく》は食べ、かりとった毛は糸やおり物《もの》に使《つか》いました。

また、中国《ちゅうごく》では、昔《むかし》から、羊は、おいしくて、美《うつく》しいすがたをしたものと考えられていました。それで、「美」には、「羊」の部分《ぶぶん》が入っているのです。

※○数字は習う学年

漢字	おもな読み方
羊③	ヨウ ひつじ
美③	ビ うつくしい
着③	チャク （ジャク） きる・つく

（洋→43ページ）
（様→31ページ）

羊

読み方	なりたち
ヨウ ひつじ	上の「なりたち」を見てね。
意味	
・ひつじ	

6画 羊 羊羊羊羊羊羊

練習 長く

1 「羊」を書きましょう。

牧場《ぼくじょう》の□《ひつじ》。

□《ひつじ》の毛。

子《こ》□《ひつじ》が鳴く。

□《よう》毛《もう》のふとん。

2 読みがなを書きましょう。

牧場《ぼくじょう》の羊（　　）。

羊（　　）の毛をかる。

子羊（　　）が鳴く。

羊毛（　　）のふとん。

美

なりたち
「羊(ひつじ)」と「大(おおきい)」を合わせた字で、形のよい大きな羊はりっぱでうつくしいことを表《あらわ》す。

読み方
ビ
うつくしい

意味
・きれい
・りっぱ
・おいしい
・ほめる

9画
美 美 美 美 美 美 美 美 美

練習
長く↓
美
美

❶ 「美」を書きましょう。

□《うつく》しい花。

□《うつく》しくなる。

□□《びじん》の絵。（人）

市の□《び》じゅつ館《かん》。

❷ 読みがなを書きましょう。

美しい花。（　　）

美しくなる。（　　）

美人の絵。（　　）

市の美じゅつ館。（　　）

着

なりたち
もとの字は「著」で、「いろいろな文字を竹や、草木のふだに書きつけること、つくことを表す。

読み方
チャク
（ジャク）
きる
きせる
つく
つける

意味
・くっつく
・とどく
・みにつける

12画
着 着 着 着 着 着 着 着 着 着 着 着

練習
長く←
着
着

❶ 「着」を書きましょう。

洋服《ようふく》を□《き》る。

バスが□《つ》く。

すぐ□《ちゃく》席《せき》する。

電車がとう□《ちゃく》する。

❷ 読みがなを書きましょう。

洋服を着る。（　　）

バスが着く。（　　）

すぐ着席《せき》する。（　　）

電車がとう着する。（　　）

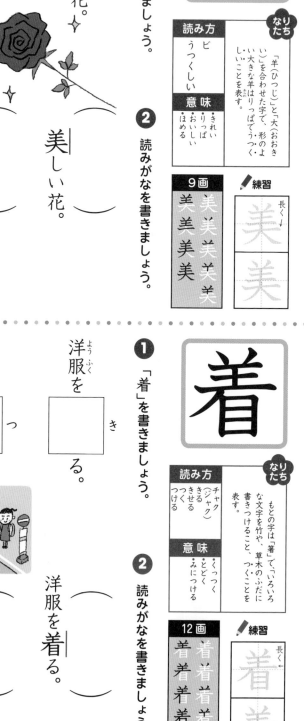

28 「一《いち》」のつく漢字《かんじ》

世・丁・両

一

なりたち

一 ↓ 一

「一《いち》」は、一本の横線《よこせん》で、数の「いち」をしめした字です。「ひとつ」やものごとの「はじめ」などの意味《いみ》を表《あらわ》します。

※○数字は習う学年

漢字	おもな読み方
一①	イチ・イツ・ひとつ
七①	シチ・なななつ・なの
下①	カ・ゲ・した・しも・さげる・くだる・おろす

漢字	おもな読み方
三①	サン・み・みっつ
上①	ジョウ・かみ・うえ・うわ・あげる・のぼる
万②	マン・（バン）
丁③	チョウ・（テイ）
世③	セイ・セ・よ
両③	リョウ
不④	フ・ブ

（平→165ページ）

世

読み方　セイ・セ・よ

意味　•人の一生　•じだい　•社会

なりたち

「十」を三つならべた字。三十年のことで、親から子へとつながるせだいを表《あらわ》す。

5画　世 世 世 世 世

練習　世 世（おる）

1 「世」を書きましょう。

□《せ》界《かい》地図。

犬の□《せ》話《わ》。

二十一《にじゅういっ》□《せい》紀《き》。

明るい□《よ》の中。

2 読みがなを書きましょう。

世界地図。（　　）

犬の世話をする。（　　）

二十一世紀《き》の社会。（　　）

明るい世の中。（　　）

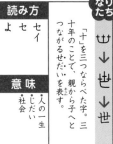

丁

なりたち 直角に打《う》ちつけるくぎの形をえがいた字。丁の形をした町角のことから、町の数を数えることばに使《つか》う。

2画 一 丁

練習 （はねる）

読み方 チョウ （テイ）

意味 ・町の小さなくぎり ・数えることば

❶ 「丁」を書きましょう。

二《に》□《ちょう》目《め》。三《さん》□《ちょう》目《め》の角。

とうふ二《に》□《ちょう》。

❷ 読みがなを書きましょう。

二丁（　　）目の公園。三丁（　　）目の角。

とうふ二丁（　　）。

両

なりたち もとの字は、てんびんばかりをえがいた「兩」で、つり合っているひと組のものを表《あらわ》す。

6画 一 ㄇ 币 币 両 両

練習 （はねる）

読み方 リョウ

意味 ・ひと組になる二つ ・車を数えることば

❶ 「両」を書きましょう。

□《りょう》方《ほう》。□《りょう》手《て》。

道の□《りょう》がわ。

❷ 読みがなを書きましょう。

両方（　　）の町。両手（　　）を出す。

道の両（　　）がわ。

もとは同じ字!?

「世」は、ひらがなの「せ」、かたかなの「セ」とよくにていると思いませんか。

ひらがなも、かたかなも、漢字《かんじ》をもとにして、日本人が作った文字なのです。

そこで、ひらがなの「せ」も、かたかなの「セ」も、漢字の「世」の字をもとにして作ったので、形がにているのですね。

●ひらがな

世→せ→せ

●かたかな

世→セ→セ

ドリル

点

1つ・5点

1 —線の漢字《かんじ》の読みがなを書きましょう。

① 道の両がわ。（　　）

② 三《さん》丁目《め》の公園。（　　）

③ 明るい世の中。（　　）

④ 町が美しくなる。（　　）

⑤ 牧場《ぼくじょう》の羊。（　　）

⑥ 船が岸《きし》に着く。（　　）

⑦ とう着する。（　　）

⑧ 世界一周《しゅう》の旅行《りょこう》。（　　）

⑨ 二十一世紀《き》。（　　）

⑩ 市の美じゅつ館《かん》。（　　）

2 読みがなにあう漢字を書きましょう。

① 二《に》□《ちょう》目《め》の角。

② 犬の□□《せわ》。

③ □《ひつじ》のむれ。

④ □□《びじん》の絵。

⑤ □□《りょうて》。

⑥ 洋服《ようふく》を〔　〕《き》る。

⑦ □□《ようもう》ぶとん。

⑧ バスが〔　〕《つ》く。

⑨ □《ちゃく》席《せき》する。

⑩ 〔　〕《うつく》しい花。

まとめドリル

点

1つ・5点

1 読みがなにあう漢字《かんじ》を書きましょう。

① お□《れい》を言う。

② ギリシャ□《しん》話《わ》。

③ □《ひつじ》の毛。

④ 幸《こう》□《ふく》な人生。

⑤ ゆうびん□《きょく》。

⑥ とうふ二《に》□《ちょう》。

⑦ 父を□《ま》つ。

⑧ 手に□《と》る。

⑨ □《やく》に立つ。

⑩ □《ちゃく》席《せき》する。

2 読みがなにあう漢字を書きましょう。

① 弟の□□《せわ》。

② □□《きたい》する。

③ 赤い□□《やね》。

④ □□《りょうて》を広げる。

⑤ 古い□□《じんじゃ》。

⑥ □□《ようもう》のふとん。

3 次《つぎ》のことばを漢字と送《おく》りがなで〔　〕に書きましょう。

① 夏の〔　　〕《まつり》。

② 体を〔　　〕《そらす》。

③ 〔　　〕《うつくしい》花。

④ ボールを〔　　〕《うける》。

29 「立《たつ》」のつく漢字《かんじ》

章・童

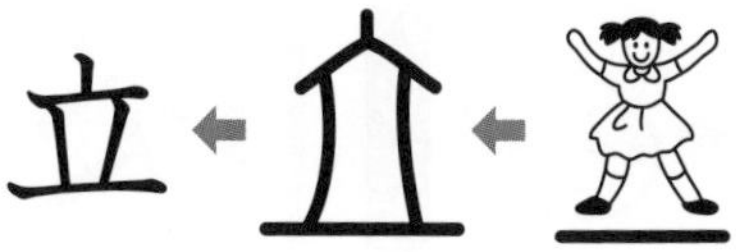

なりたち

立

「立《たつ》」は、人が両足《りょうあし》を地面《じめん》につけてたっている様子《ようす》をえがいた字です。

※○数字は習う学年

漢字	おもな読み方
①立	リツ（リュウ） たつ
③章	ショウ —
③童	ドウ （わらべ）
④競	キョウ・ケイ （きそう）（せる）

（意→54ページ）

章

なりたち
もとは「辛（入れずみにつかうはり）」と「⊕（もよう）」を合わせた字で、目だつもようやしるしを表《あらわ》す。

11画

練習

読み方
ショウ
—

意味
・しや文などのひとくぎり
・しるし

❶「章」を書きましょう。

ぶん しょう
[文][ ]。

こう しょう
[校][ ]。
（学校のしるし）

❷読みがなを書きましょう。

長い文章を書く。（ ）

はたの校章。（ ）

童

なりたち
もとは男のめしつかいを表していたが、後に子どもを表すようになった。

12画

練習

読み方
ドウ
（わらべ）

意味
・子ども

❶「童」を書きましょう。

どう わ
[ ][話]。

児《じ》[ ]会《かい》。
どう

❷読みがなを書きましょう。

童話を読む。（ ）

児《じ》童会《かい》の集《あつ》まり。（ ）

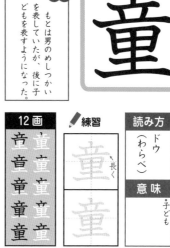

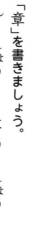

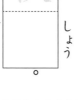

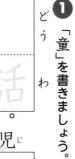

30 「肉《にく》・月《にくづき》」のつく漢字《かんじ》

有・育

肉 なりたち

月 ⇦ 肉 ← 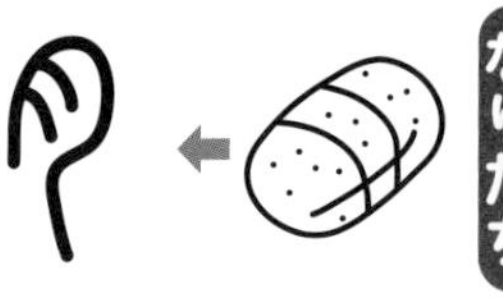

「肉《にく》」は、すじのあるにくのひと切れをえがいた字で、「月《にくづき》」は「肉」の変化《へんか》したものです。

※〇数字は習う学年

漢字	おもな読み方
肉②	ニク
有③	ユウ (ウ) ある
育③	イク そだてる はぐくむ

※「有」は、漢字《かんじ》のなりたちのうえでは「肉《にく》・月《にくづき》」ですが、形のうえから「月（つき・つきへん）」のなかまにする場合がある。

有

なりたち：「𠂇（かかえこむ手）」と「月（にく）」を合わせた字。手で肉をかかえるように、自分のものにすることを表《あらわ》す。

6画：有 有 有 有 有 有

練習：有（とめる）

読み方：ユウ （ウ） ある

意味：•ある •もつ

❶ 「有」を書きましょう。

ゆうめい［　　］名。

あ［　　］り金《がね》。

❷ 読みがなを書きましょう。

有名な人を見かける。（　　）

有り金全部《ぜんぶ》を使《つか》う。（　　）

育

なりたち：「𠫓（生まれてくる赤ちゃん）」と「月（にく）」を合わせた字で、子どもに肉がついてそだつことを表す。

8画：育 育 育 育 育 育 育 育

練習：育（長く）

読み方：イク そだつ そだてる はぐくむ

意味：•大きくなる •大きくする

❶ 「育」を書きましょう。

体《たい》［　　］。（いく）

［　　］てる。（そだ）

［　　］む。（はぐく）

❷ 読みがなを書きましょう。

体育のじゅ業《ぎょう》。（　　）

花を育てる。（　　）

子を育む。（　　）

ドリル

点

1つ・5点

❶ ―線の漢字《かんじ》の読みがなを書きましょう。

① 文章を書く。（　　）

② 子を育む。（　　）

③ 金魚を育てる。（　　）

④ おもしろい童話。（　　）

⑤ 有名な場所《ばしょ》。（　　）

⑥ はたの校章。（　　）

⑦ 児《じ》童会《かい》の役員《やくいん》。（　　）

⑧ 有り金を使《つか》う。（　　）

⑨ 体育のじゅ業《ぎょう》。（　　）

⑩ 花を育てる。（　　）

❷ 読みがなにあう漢字を書きましょう。

① □□《どうわ》を読む。

② 長い□□《ぶんしょう》。

③ 児《じ》□《どう》会《かい》。

④ □□《ゆうめい》な人。

⑤ □□《たいいく》の時間。

⑥ □《あ》り金。

⑦ はたの□□《こうしょう》。

⑧ 子を（　）《はぐく》む。

⑨ □□《ゆうめい》になる。

⑩ 花を（　）《そだ》てる。

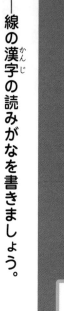

31 「食《しょく》・𩙿《しょくへん》」のつく漢字《かんじ》

飲・館

食

なりたち

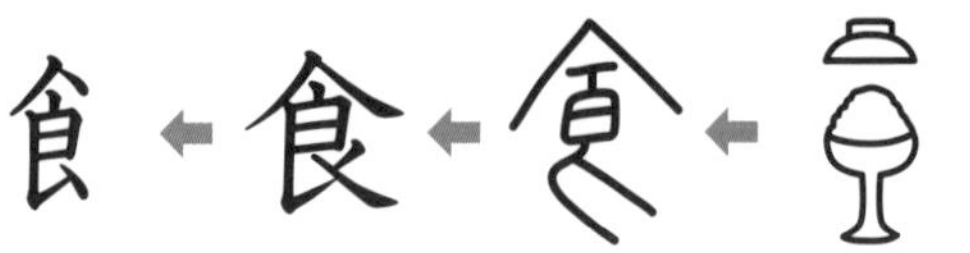

「食《しょく》」はごはんをもったうつわとふたをえがいた字で、「𩙿《しょくへん》」は「食」の変化《へんか》したものです。飲食《いんしょく》に関係《かんけい》することを表《あらわ》します。

※○数字は習う学年

漢字	おもな読み方
食②	ショク (ジキ) くう・たべる
飲③	イン のむ
館③	カン やかた
飯④	ハン めし
養④	ヨウ やしなう

飲

なりたち
もとは「酓（酒《さけ》をつぼに入れる）」と「欠（口を開《あ》けた人）」を合わせた字。酒や水などを口の中に入れてのむことを表《あらわ》す。

12画

練習 とめる

読み方
イン
のむ

意味
•えき体を口から体の中に入れる

❶ 「飲」を書きましょう。

水を[　]《の》む。

[　]《いん》料水《りょうすい》。

❷ 読みがなを書きましょう。

犬が水を飲む。（　　）

かんの飲料水《りょうすい》。（　　）

館

なりたち
「食（たべもの）」と「官（人が集《あつ》まる建物《たてもの》）」を合わせた字で、人が集まって食事《しょくじ》をする大きな建物を表す。

16画

練習 ひとつづき

読み方
カン
やかた

意味
•大きなたてもの
•やどや

❶ 「館」を書きましょう。

体育《たいいく》[　]《かん》。

西洋風《せいようふう》の[　]《やかた》。

❷ 読みがなを書きましょう。

体育館に集《あつ》まる。（　　）

西洋風《せいようふう》の館。（　　）

「阝」のつく漢字 ▼ 都 部

なりたち

阝 ⇐ 邑 ← 㟅 ←

「阝」のもとは「邑（むら）」で、「口（土地）」と「ふせた人のすがたとを合わせた字です。「阝」は、人の集まるむらを表します。

「阝」が漢字の左がわにつくものは、93ページを見てね。

漢字	おもな読み方
都 ③	ツ ト みやこ
部 ③	ブ
郡 ④	グン

※○数字は習う学年

都

なりたち　「者（ひと所へ集まる）」と「阝（人が集まる所）」を合わせた字で、人々が集まる大きな町・みやこを表す。

11画
都都都都都
都都都都者

練習（つき出す）都 都

読み方　ツ ト みやこ

意味　・国の中心となっているところ　・大きな町

❶「都」を書きましょう。

と　　みやこ
□会。花の□

❷読みがなを書きましょう。

都会。花の都パリ。
（　）（　）

都会に住む。
（す　）

都合が悪い。
（　）（わる）

部

なりたち　「音（分ける）」と「阝（人が集まるむら）」を合わせた字で、村を小さく分けた一つ一つの所を表す。

11画
部部部部部
部音部部音
部音部部音
部音　　部

練習（はねる→）部 部

読み方　ブ

意味　いくつかに分けたものの一つ

❶「部」を書きましょう。

ぶ ぶん
分

ぶ ひん
品

❷読みがなを書きましょう。

本の角の部分。
（　）（　）

もけいの部品。
（　）

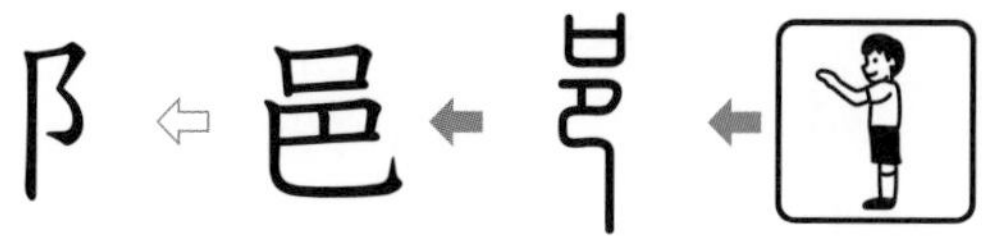

ドリル

□点
1つ・5点

1 ―線の漢字《かんじ》の読みがなを書きましょう。

① 体育館に行く。（　　）
② 花の都。（　　）
③ 水を飲む。（　　）
④ もけいの部品。（　　）
⑤ 都会に住《す》む。（　　）
⑥ 広い館。（　　）
⑦ 飲料《りょう》水《すい》。（　　）
⑧ 小さな部分。（　　）
⑨ 飲み物《もの》。（　　）
⑩ 都合がよい日。（　　）

2 読みがなにあう漢字を書きましょう。

① □《の》み物《もの》。
② 古い□《みやこ》。
③ 車の□□《ぶひん》。
④ □□《とかい》に行く。
⑤ □《いん》料《りょう》水《すい》。
⑥ □□《つごう》が悪《わる》い。
⑦ 体の□□《ぶぶん》。
⑧ □□□《たいいくかん》。
⑨ 西《せい》洋《よう》風《ふう》の□《やかた》。
⑩ お茶を（　）《の》む。

33 「山《やま》」のつく漢字《かんじ》

岸・島

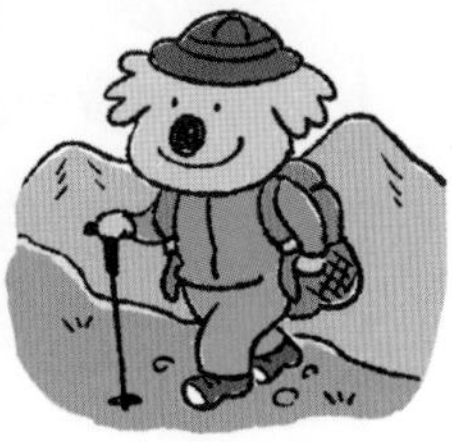

なりたち

山

「山《やま》」は、三つのみねがあるやまの形をえがいた字です。山に関係《かんけい》するものがあります。

※○数字は習う学年

漢字	おもな読み方
山①	サン やま
岩②	ガン いわ
岸③	ガン きし
島③	トウ しま

（炭→130ページ）

岸

なりたち 「山（やま）」と「厈（切りたったがけ）」を合わせた字で、山のように切りたつきし・を表《あらわ》す。

8画

練習 （長く）

読み方	意味
ガン きし	・きし

❶ 「岸」を書きましょう。

かいがん［海　］線《せん》。向《む》こう ぎし［　］。

❷ 読みがなを書きましょう。

ふくざつな海岸線。（　）

川の向こう岸。（　）

島

なりたち 「鳥（とり）」と「山（やま）」を合わせた字で、わたり鳥が休む小さい山、しま・を表す。

10画

練習 （はねる）

読み方	意味
トウ しま	・しま

❶ 「島」を書きましょう。

南の しま［　］。むじん とう［　］。

❷ 読みがなを書きましょう。

南の島のくらし。（　）

むじん島に流《なが》れ着《つ》く。（　）

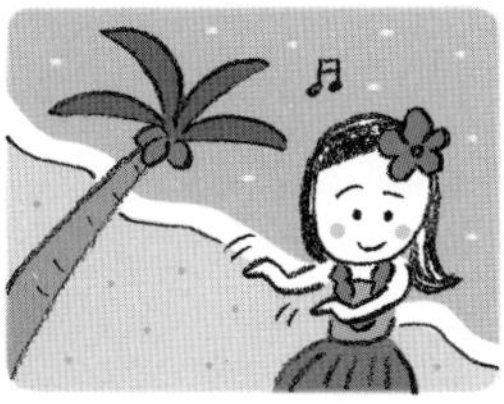

34 「攵《ぼくにょう》《ぼくづくり》」のつく漢字《かんじ》

文

なりたち

「攵《ぼくにょう》《ぼくづくり》」は、ぼうを手で持《も》ってたたく様子《ようす》をえがいた字です。

漢字	おもな読み方
教②	キョウ おしえる おそわる
数②	スウ・(ス) かず かぞえる

※○数字は習う学年

放③	整③	改④	敗④	散④
ホウ はなす ほうる	セイ ととのえる ととのう	カイ あらためる あたらまる	ハイ やぶれる	サン ちる ちらす

放

なりたち

「方（左右にはり出す）」と「攵（動作《どうさ》のしるし）」を合わせ、とじこめていたものを左右にはなして自《じ》由《ゆう》にすることを表《あらわ》す。

8画
放

練習 「又」としない

読み方
ホウ はなす はなつ はなれる ほうる

意味
・じゆうにする ・そのままにする

❶ 「放」を書きましょう。

（ほう）□送室《そうしつ》。（はな）□す。（ほう）□る。

❷ 読みがなを書きましょう。

学校の放送（　　）室。

魚を放（　　）す。ボールを放（　　）る。

整

なりたち

「敕（手でたばねる）」と「正（まっすぐに進《すす》む）」を合わせた字。ばらばらのものをきちんとととのえることを表す。

16画
整

練習 はらう

読み方
セイ ととのえる ととのう

意味
・きちんとそろえる

❶ 「整」を書きましょう。

本の（せい）□理《り》。服《ふく》を（ととの）□える。

❷ 読みがなを書きましょう。

本の整理（　　）をする。

服を整（　　）える。

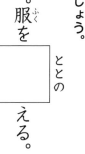

ドリル

1つ・5点

点

1 ―線の漢字《かんじ》の読みがなを書きましょう。

①　南の島。（　　　）

②　身《み》なりを整える。（　　　）
（きちんとしたいふくをきちんとしたすがたにする）

③　くつを整理する。（　　　）

④　美《うつく》しい海岸線。（　　　）

⑤　小鳥を放す。（　　　）

⑥　むじん島。（　　　）

⑦　川の向《む》こう岸。（　　　）

⑧　学校の放送室。（　　　）

⑨　小さな島。（　　　）

⑩　ボールを放る。（　　　）

2 読みがなにあう漢字を書きましょう。

①　ボールを□《ほう》る。

②　本の□□《せいり》。

③　□□《ほうそう》室。

④　□□《かいがん》を歩く。

⑤　むじん□《とう》。

⑥　校内□□《ほうそう》。

⑦　向こう□《ぎし》。

⑧　魚を（　《はな》す）。

⑨　南の□《しま》。

⑩　服《ふく》を（　《ととの》える）。

35 「酉《とりへん》《さけのとり》」のつく漢字《かんじ》

なりたち

酉

「酉《とりへん》《さけのとり》」は、口の細いさけを入れるつぼをえがいた字です。

「酉」のつく漢《かん》字《じ》には、酒《さけ》や酒つぼに関係《かんけい》するものがあります。

漢字	おもな読み方
酒③	シュ さけ さか
配③	ハイ くばる

※○数字は習う学年

酒・配

酒

なりたち

「氵(みず)」と「酉(さけつぼ)」を合わせた字。つぼの中のさけを表《あらわ》す。

10画

練習

読み方	意味
シュ さけ さか	・アルコールをふくんだのみもの

1 「酒」を書きましょう。

お[ ]《さけ》。 洋《よう》[ ]《しゅ》。 [ ]《さか》屋《や》。

2 読みがなを書きましょう。

外国のお酒( )。 洋酒( )のびん。

近くの酒屋( )さん。

配

なりたち

「酉(さけつぼ)」と「己(ひざまずいた人)」を合わせた字で、人が酒をくばる様子《ようす》を表す。

10画

練習

読み方	意味
ハイ くばる	・くばる ・ならべる

1 「配」を書きましょう。

[ ]《はい》達《たつ》する。 紙を[ ]《くば》る。

2 読みがなを書きましょう。

新聞を配( )達《たつ》する。

後ろに紙を配( )る。

36

「方」のつく漢字　旅・族

なりたち

方 ← 𠂤 ← （すき）

すきが左右にはり出ているからだよ。

「方」は、左右にえがきはり出たすきをえがいた字で、すきのびることから、左右にまっすぐのびることから、「ほう」「ほうがく」の意味を表します。

※○数字は習う学年

漢字	おもな読み方
② 方	ホウ かた
③ 旅	リョ たび
③ 族	ゾク
④ 旗	キ はた

（放→120ページ）

旅

なりたち
「𠂤（はた）」と「㐅（ならんだ人）」を合わせた字で、はたを立ててならんで歩く様子から、たびを表す。

10画

練習

旅旅旅旅旅旅旅旅旅旅

旅（とめる↑）

読み方
リョ
たび

意味
よその土地へ行くこと

❶ 「旅」を書きましょう。

りょ こう 。船の たび 。

行

❷ 読みがなを書きましょう。

車で旅行する。（　　　）

船の旅を楽しむ。（　　　）

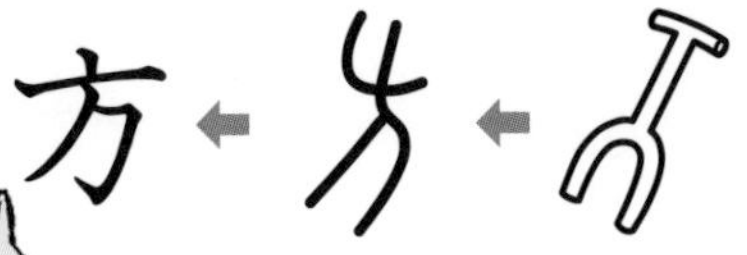

族

なりたち
「𠂤（はた）」と「矢（や）」を合わせた字。はたの下に矢を集めた様子から、同じなかまの集まりを表す。

11画

練習

族族族族族族族族族族族（出さない→）

読み方
ゾク
—

意味
ちのつながりのあるなかま、みうち

❶ 「族」を書きましょう。

か ぞく 。水 すい ぞく 館 かん 。

家

❷ 読みがなを書きましょう。

家族で旅行する。（　　　）

水族館を見学する。（　　　）

ドリル

点
1つ・5点

❶ ―線の漢字《かんじ》の読みがなを書きましょう。

① 用紙を配る。（　　）
② 車で旅行する。（　　）
③ お酒の広告《こうこく》。（　　）
④ 安《やす》い洋酒。（　　）
⑤ 長い旅に出る。（　　）
⑥ 車で配達《たつ》する。（　　）
⑦ 気を配る。（細かいところまで注意《ちゅうい》する）（　　）
⑧ 水族館の見学。（　　）
⑨ 楽しい家族。（　　）
⑩ 近くの酒屋さん。（　　）

❷ 読みがなにあう漢字を書きましょう。

① 船の□（たび）。
② □□（ようしゅ）のびん。
③ 新聞□（はい）達《たつ》。
④ 明るい□□（かぞく）。
⑤ 外国のお□（さけ）。
⑥ □□（さかや）さん。
⑦ □（たび）に出る。
⑧ □□□（すいぞくかん）。
⑨ □□（りょこう）する。
⑩ 紙を〔　　〕（くば）る。

37 「匚《かくしがまえ》」のつく漢字《かんじ》

区・医

匚

なりたち

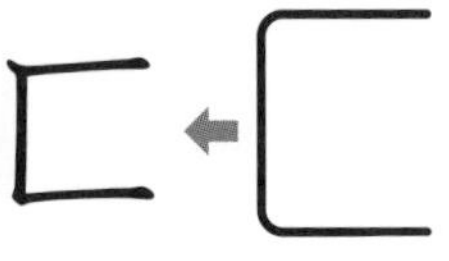

「匚《かくしがまえ》」は、外から見えないようにかこんだかこいのしるしをしめしています。「匚」は、「かこったもの」、「かくす」という意味《いみ》を表《あらわ》します。

字形が同じ
「はこがまえ」は、
「かくしがまえ」に
統一《とういつ》しているよ。

?

※○数字は習う学年

漢字	おもな読み方
区③	ク
医③	イ

区

なりたち
もとの字は「區」。「匚(かこい)」と「品(小さいかこみ)」を合わせ、細かくくぎられた場所《ばしょ》を表《あらわ》す。

4画
区 区 区 区

練習
とめる

読み方
ク

意味
・分ける
・くぎり
・地いきのたんい

1 「区」を書きましょう。

く［　］別《べつ》する。

ち［地］く［　］。

2 読みがなを書きましょう。

重《おも》さで区（　）別《べつ》する。

地区（　）ごとの代表《だいひょう》。

医

なりたち
もとの字は「醫」。「殹(かくす)」と「酉(さけつぼ)」を合わせ、酒つぼに薬用酒《やくようしゅ》を作ったことから、病気《びょうき》をなおすことを表す。

7画
医 医 医 医 医 医 医

練習
おる

読み方
イ

意味
・びょう気やけがをなおす人

1 「医」を書きましょう。

い［　］しゃ［者］。

じゅう い［　］。(どうぶつのびょう気をなおすいしゃ)

2 読みがなを書きましょう。

医者（　）の仕事《しごと》。

じゅう医（　）の先生。

38 「癶《はつがしら》」のつく漢字《かんじ》

癶

なりたち

「癶《はつがしら》」は、足を左右に開《ひら》いた様《よう》子《す》をえがいた形です。

「癶」は、「はねる」、「足を開く」など、足の動《どう》作《さ》に関《かん》係《けい》する意《い》味《み》を表《あらわ》します。

※○数字は習う学年

漢字	おもな読み方
発③	ハツ (ホツ) —
登③	トウ ト のぼる

発・登

発

なりたち
もとの字は「發」。「癶(左右に開《ひら》いた足)」と「癹(弓を引く)」を合わせ、弓矢をはなつようにはね出ることを表《あらわ》す。

読み方
ハツ
(ホツ)
—

意味
・はなつ
・外に出る
・明らかになる

練習
発 はねる
発

9画
発発発発発発発発発

❶「発」を書きましょう。

はっ□音《おん》。はっ□見《けん》。出《しゅっ》□ぱつ。

❷読みがなを書きましょう。

正しい発音。(　　)(　　)発見した人。(　　)

すぐ出発する。(　　)

登

なりたち
「癶(左右の足を開いてのぼる)」と「豆(食器《しょっき》を持《も》ち上げる)」を合わせた字で、高い所《ところ》への・ぼ・ることを表す。

読み方
トウ
ト
のぼる

意味
・高いところに上がる
・出かける

練習
登 長く
登

12画
登登登登登登登登登登登登

❶「登」を書きましょう。

山《やま》□のぼり。□と山《ざん》。□とう校《こう》。

❷読みがなを書きましょう。

山登りの用《よう》意《い》。(　　)登山する人。(　　)

三人で登校する。(　　)

ドリル

点

1つ・5点

❶ ―線の漢字《かんじ》の読みがなを書きましょう。

① 発音のしかた。（　　）

② 山登りの用意《ようい》。（　　）

③ 重《おも》さで区別《べつ》する。（　　）

④ 化石《かせき》の発見。（　　）

⑤ 夏山の登山。（　　）

⑥ 医者の仕事《しごと》。（　　）

⑦ 地区の代表《だいひょう》。（　　）

⑧ 七時に出発する。（　　）

⑨ じゅう医の先生。（　　）

⑩ 早く登校する。（　　）

❷ 読みがなにあう漢字を書きましょう。

① □者《いしゃ》。

② □□《とうこう》の時間。

③ 形で□《く》別《べつ》する。

④ 正しい□□《はつおん》。

⑤ □□《とざん》する。

⑥ 東の□□《ちく》。

⑦ じゅう□《い》。

⑧ □□《はっけん》した人。

⑨ □□《しゅっぱつ》する。

⑩ 山に〔　《のぼ》る〕。

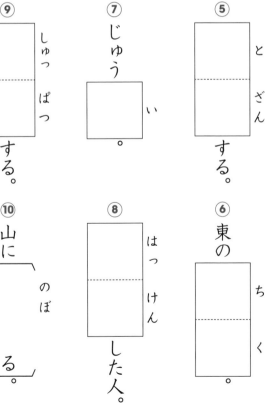

まとめドリル

点

1つ・5点

1 読みがなにあう漢字《かんじ》を書きましょう。

① 車の□《ぶ》品《ひん》。

② □《あ》り金《がね》全《ぜん》部《ぶ》。

③ 外国のお□《さけ》。

④ 児《じ》□《どう》会《かい》。

⑤ □《い》者《しゃ》の仕《し》事《ごと》。

⑥ 花の□《みやこ》。

⑦ むじん□《とう》。

⑧ □《いん》料《りょう》水《すい》。

⑨ 向《む》こう□《ぎし》。

⑩ 体《たい》育《いく》□《かん》。

2 読みがなにあう漢字を書きましょう。

① □□《とざん》ぐつ。

② 一週間の□□《りょこう》。

③ □□《ちく》代《だい》表《ひょう》。

④ □□《ぶんしょう》を書く。

⑤ 五人□□《かぞく》。

⑥ □□《はっけん》した人。

3 次《つぎ》のことばを漢字と送《おく》りがなで〔　〕に書きましょう。

① 紙を〔　〕《くばる》。

② 川に魚を〔　〕《はなす》。

③ 花を〔　〕《そだてる》。

④ 服《ふく》を〔　〕《ととのえる》。

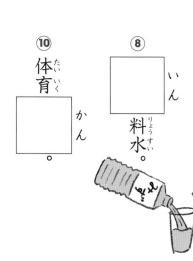

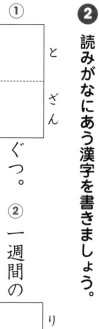

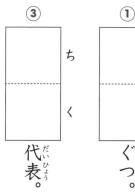

二つ（上と下）に分かれる漢字

写・炭・習・集・究・農

これまでに学習した、「艹（くさかんむり）」「宀（うかんむり）」「竹（たけかんむり）」や、「心（こころ）」などのつく漢字は、上と下の部分に分かれる漢字です。このような上と下の部分が合わさってできた漢字は、ほかにも、たくさんあります。

ここでは、三年生で習う下の六つの漢字をおぼえましょう。

二つに分かれる漢字は、それぞれの部分に分けて、おぼえるようにすると、わすれないし、まちがえないよ。

漢字	写	究	炭	習	集	農
おもな読み方	シャ うつす うつる	キュウ（きわめる）	タン すみ	シュウ ならう	シュウ あつまる（つどう）	ノウ

❶ 「写」を書きましょう。

しゃ しん
真 をとる。

しゃ せい
生 をする。

文を書き うつ す。

下の字が うつ る。

写

なりたち もとの字は「寫」。「宀（いえ）」と「舄（うつす）」を合わせ、もののすがたをうつし・どることを表す。

読み方	シャ うつす うつる
意味	文字や絵をうつす しゃしんを とる

5画
写 写
写 写

✎ 練習

写 ↑はねる

写

❷ 読みがなを書きましょう。

写真をとる。（　　）

花の写生をする。（　　）

文を書き写す。（　　）

下の字が写る。（　　）

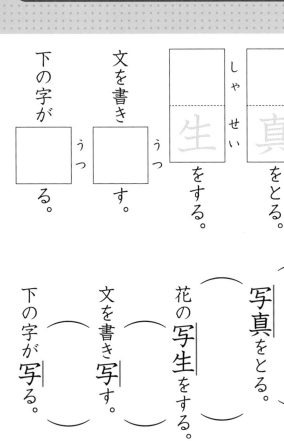

炭

なりたち
「山（やま）」と「厂（がけ）」と「火（ひ）」を合わせた字。山のがけからほり出される石たん・すみを表《あらわ》す。

読み方	意味
タン すみ	・すみ ・石たん

9画　炭 炭 炭 炭 炭 炭 炭 炭 炭

練習　炭（はらう）　炭

❶ 「炭」を書きましょう。

- すみ［　］やき小屋《ごや》。
- すみ び［　］［火］でやく。
- せき たん［石］［　］をほる。
- たん［　］さん飲料《いんりょう》。

❷ 読みがなを書きましょう。

- 炭（　）やき小屋。
- 炭火（　）でやく。
- 石炭（　）をもやす。
- 炭（　）さん飲料《いんりょう》。

習

なりたち
「羽（鳥のはね）」と「白（もとは自。自分でする）」を合わせた字。鳥が羽を自分で動《うご》かし練《れん》しゅうすることから、くり返《かえ》すことを表す。

読み方	意味
シュウ ならう	・学んでみにつける ・ならわし

11画　習 習 習 習 習 習 習 習 習 習 習

練習　習（右上へ）　習

❶ 「習」を書きましょう。

- 漢字《かんじ》の［学］［　］。（がく しゅう）
- 水泳《すいえい》の［練］［　］。（れん しゅう）
- ピアノを［　］う。（なら）
- 兄を［見］［　］う。（み なら）

❷ 読みがなを書きましょう。

- 漢字の学習（　）。
- 水泳の練習（　）。
- ピアノを習（　）う。
- 兄を見習（　）う。

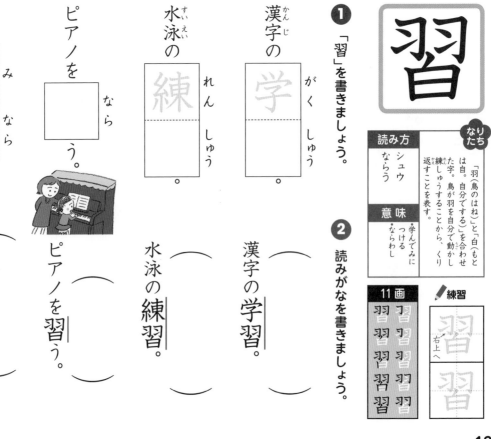

ドリル

点

1つ・5点

❶ —線の漢字《かんじ》の読みがなを書きましょう。

① 英語《えいご》を習う。（　　）

② 外で写生する。（　　）

③ 字が写る。（　　）

④ 石炭をもやす。（　　）

⑤ 漢字《かんじ》の学習。（　　）

⑥ 写真をとる。（　　）

⑦ 炭さん飲料《いんりょう》。（　　）

⑧ 水泳《すいえい》の練習。（　　）

⑨ 紙に写す。（　　）

⑩ 炭火でやく。（　　）

❷ 読みがなにあう漢字を書きましょう。

① すみ［　］やき小屋《ごや》。

② 記念《きねん》しゃしん［　　］。

③ みなら［　　］い。

④ がくしゅう［　　］時間。

⑤ たん［　］さん飲料《いんりょう》。

⑥ 花をしゃせい［　　］する。

⑦ 歌のれんしゅう［　　］。

⑧ 文を書きうつ［　］す。

⑨ せきたん［　　］。

⑩ ピアノをなら［　］う。

集

なりたち

もとの字は「雧」。木の上にたくさんの鳥（隹）があつまっている様子《ようす》を表《あらわ》す。

読み方

シュウ
あつまる
あつめる
（つどう）

意味

•あつまる
•あつめたもの

12画

集 集 集 集 集 集 集 集 集 集 集 集

練習

長く、

集 集

❶ 「集」を書きましょう。

広場に□《あつ》まる。

用紙を□《あつ》める。

学級《がっきゅう》の文《ぶん》□《しゅう》。

□《しゅう》合《ごう》する。

❷ 読みがなを書きましょう。

広場に集まる。（　　）

用紙を集める。（　　）

学級の文集を作る。（　　）

十時に集合する。（　　）

漢字《かんじ》のミックスジュース!?

「習」の字を、「羽」と「白」の二つに分けてみましょう。すると、

羽 ＋ 白 ↓ 習

という組み立て方がわかります。

それでは、次《つぎ》の漢字《かんじ》を合わせると、どんな漢字ができますか。考えてみましょう。

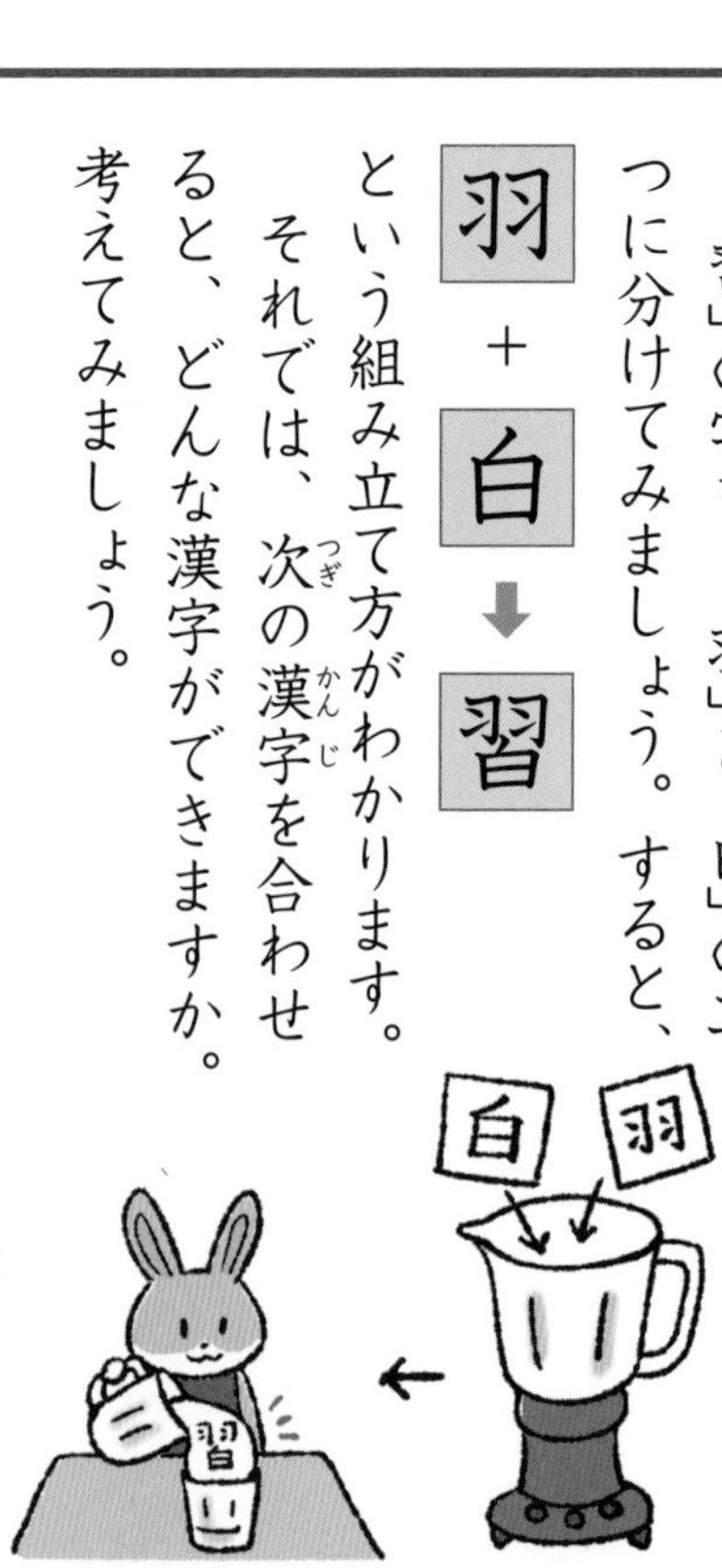

① 日 者

② 相 心

③ 竹 寺

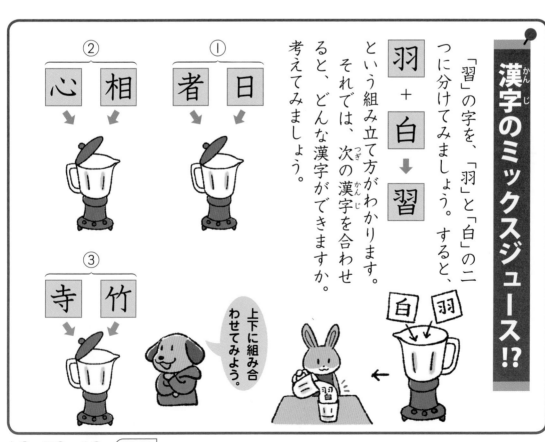

答え ①暑 ②想 ③等

究

なりたち
「穴（あな）」と「九（手をおくに入れる）」を合わせ、あなのおくまで手を入れて調《しら》べることを表《あらわ》す。

7画
究 究 究 究 究 究 究

練習
はねる
究 究

読み方
キュウ
（きわめる）

意味
・しらべて明らかにする

1 「究」を書きましょう。

こん虫の［研《けん》］［　《きゅう》］。

事故《じこ》原いんを［　《きゅう》］［明《めい》］する。

2 読みがなを書きましょう。
（事故の原いんをつきつめて明らかにする）

こん虫の研究（　　）をする学者《がくしゃ》。

事故《じこ》原いんを究明（　　）する。

農

なりたち
「曲（田と同じ）」と「辰（貝）」を合わせた字で、田畑《たはた》の土を貝の道具《どうぐ》でやわらかくすることを表《あらわ》す。

13画
農 農 農 農 農 農 農 農 農 農 農 農 農

練習
わすれずに
農 農

読み方
ノウ
—

意味
・田や畑をたがやして作もつを作る

1 「農」を書きましょう。

［　《のう》］［家《か》］。

［　《のう》］［業《ぎょう》］。

広い［　《のう》］［場《じょう》］。

2 読みがなを書きましょう。

農家（　　）の仕事《しごと》。農業（　　）と工業《こうぎょう》。

広い農場（　　）ではたらく。

「山」の下のちがい!?

岩　岸　炭

上の三つの漢字《かんじ》は、よくにているので、まちがえないように、それぞれの漢字をしっかりおぼえましょう。

・「石」でできているのが「岩」。

・「厈（がけっぷち）」にあるのが「岸《きし》」。

・「火」がもえて「灰（はい）」になるのが「炭《すみ》」。

こんなふうにおぼえ方をくふうしてみると、ちがいがはっきりしますね。

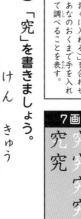

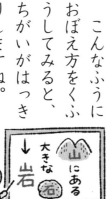

ドリル

点
1つ・5点

1 —線の漢字《かんじ》の読みがなを書きましょう。

① ごみを集める。（　　）

② 植物《しょくぶつ》の研究。（　　）

③ 文集を作る。（　　）

④ 農場ではたらく。（　　）

⑤ 人が集まる。（　　）

⑥ 農業に使《つか》う機械《きかい》。（　　）

⑦ 研究発表《はっぴょう》。（　　）

⑧ 原いんの究明。（　　）

⑨ 農家の人。（　　）

⑩ 十時に集合する。（　　）

2 読みがなにあう漢字を書きましょう。

① 広い □□（のう じょう）。

② □□（しゅう ごう）時間。

③ 研□（けん きゅう）者《しゃ》。

④ □□（のう か）の仕事《しごと》。

⑤ 学級《がっきゅう》□□（ぶん しゅう）。

⑥ 真相《しんそう》の□□（きゅう めい）。
（本当のじじょうやわけをつきつめること）

⑦ □□（のう ぎょう）。

⑧ 用紙を［　］（あつ）める。

⑨ 虫の研□（けん きゅう）。

⑩ 広場に［　］（あつ）まる。

まとめドリル

点

1つ・5点

1 **読みがなにあう漢字《かんじ》を書きましょう。**

① □《たん》さん飲料《いんりょう》。

② お□《れい》を言う。

③ 兄を見《み》□《なら》う。

④ 公園で□《あそ》ぶ。

⑤ 昔《むかし》の□《みやこ》。

⑥ ごみを□《あつ》める。

⑦ 外国のお□《さけ》。

⑧ 駅《えき》で□《ま》つ。

⑨ 虫の研《けん》□《きゅう》。

⑩ □《やく》を決《き》める。

2 **読みがなにあう漢字を書きましょう。**

① □□《がくしゅう》する。

② □□《しゃしん》をとる。

③ □□《しゅうごう》時間。

④ □□《すみび》でやく。

⑤ 家族《かぞく》□□《りょこう》。

⑥ □□《のうか》の仕事《しごと》。

3 **次《つぎ》のことばを漢字と送《おく》りがなで〔　〕に書きましょう。**

① 夏の〔　　〕《まつり》。

② ピアノを〔　　〕《ならう》。

③ 書き〔　　〕《うつす》。

④ 広場に〔　　〕《あつまる》。

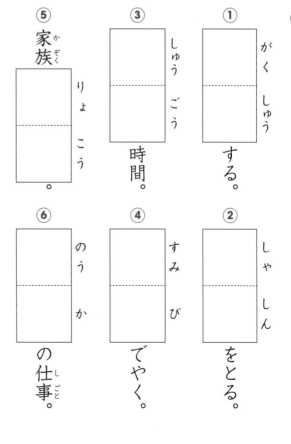

40 二つ（右と左）に分かれる漢字《かんじ》

化・次・列・対・坂・所・物・研・秒・帳・球・短・路・駅

これまでに学習《がくしゅう》した、「亻（にんべん）」「木（きへん）」「扌（てへん）」などのつく漢字《かんじ》は、右と左の部分《ぶぶん》に分かれる漢字です。このような右と左の部分が合わさってできた漢字は、ほかにも、たくさんあります。

ここでは、三年生で習《なら》う次の十四の漢字をおぼえましょう。

漢字	おもな読み方
化	カ・（ケ） ばける ばかす
次	ジ・（シ） つぐ つぎ
列	レツ —
対	タイ （ツイ） —
坂	（ハン） さか
所	ショ ところ
物	ブツ モツ もの
研	ケン （とぐ）
秒	ビョウ —
球	キュウ たま
帳	チョウ —
短	タン みじかい
路	ロ じ
駅	エキ —

化

読み方　カ　（ケ）　ばける　ばかす

意味　・形などがかわってべつのものになる

なりたち　「亻（左向《む》きに立った人）」と「匕（たおれてすがたをかえた人）」を合わせた字。右と左ですがたがかわることから、かわる意味《いみ》を表《あらわ》す。

4画　化 化 化 化

練習　右から　化　化

❶ 「化」を書きましょう。

お□《ば》け。

たぬきが□《ば》ける。

文《ぶん》□《か》の日。

貝の□《か》石《せき》。

❷ 読みがなを書きましょう。

お化けが出る。（　　）

たぬきが化ける。（　　）

文化の日。（　　）

貝の化石。（　　）

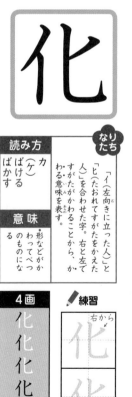

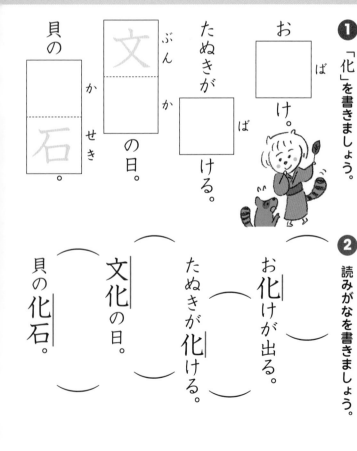

次

なりたち

「冫(ならべる)」と「欠(体をかがめる)」を合わせた字で、体をかがめてものをならべることから、じゅんじょを表《あらわ》す。

読み方	意味
ジ (シ) つぐ つぎ	・あとにつづく ・じゅんじょ

6画 次 次 次 次 次 次

練習 右から 次 次

❶「次」を書きましょう。

□《つぎ》の人。

本の目《もく》□《じ》。

□《じ》回《かい》に話す。

事故《じこ》が相《あい》□《つ》ぐ。

❷読みがなを書きましょう。

次の人が待《ま》つ。(　　)

本の目次。(　　)

次回に話す。(　　)

事故《じこ》が相次ぐ。(　　)

列

なりたち

「歹(ほね)」と「刂(かたな)」を合わせた字。ほねを切って、じゅんじょよくならべることを表す。

読み方	意味
レツ	・ならべる ・じゅんにならんだもの

6画 列 列 列 列 列 列

練習 はねる 列 列

❶「列」を書きましょう。

長い□《れつ》。

ありの行《ぎょう》□《れつ》。

□《れっ》車《しゃ》に乗《の》る。

整《せい》□《れつ》する。

❷読みがなを書きましょう。

長い列になる。(　　)

ありの行列。(　　)

列車に乗る。(　　)

校庭《こうてい》に整列する。(　　)

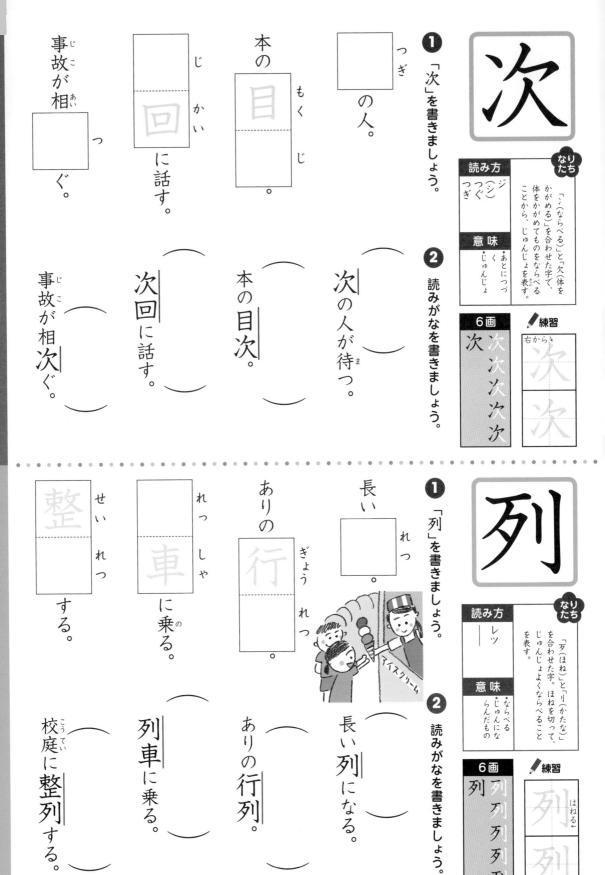

ドリル

点

1つ・5点

1 ―線の漢字《かんじ》の読みがなを書きましょう。

① たぬきが化ける。（　　　）

② 長い列。（　　　）

③ 次の人をよぶ。（　　　）

④ 行列にならぶ。（　　　）

⑤ 文化の日。（　　　）

⑥ 本の目次。（　　　）

⑦ 列車に乗《の》る。（　　　）

⑧ 相《あい》次ぐ事故《じこ》。（　　　）

⑨ 貝の化石。（　　　）

⑩ 整列する。（　　　）

2 読みがなにあう漢字を書きましょう。

① 人を□《ば》かす。

② □《つぎ》のページ。

③ 日本□□《ぶんか》。

④ □《れつ》を作る。

⑤ □□《じかい》の話。

⑥ 急行《きゅうこう》□□《れっしゃ》。

⑦ お□《ば》け。

⑧ 相□《つ》ぐ事件《じけん》。

⑨ □□《せいれつ》する。

⑩ 人に（　　）《ば》ける。

対

なりたち
もとの字は「對」で、「丵（二つでひと組みの台の形）」と「寸（て）」を合わせた字。二つのものが向《む》き合うことを表《あらわ》す。

読み方	意味
タイ （ツイ）	・むき合う ・二つでひと組のもの

7画：対対対対対対対

練習：対（とめる） 対

❶「対」を書きましょう。

反《はん》□《たい》の方向《ほうこう》。

人に□《たい》するたい度《ど》。

□《たい》立《りつ》する。

親子の□《たい》話《わ》。

❷読みがなを書きましょう。

反対（　　）の方向。

人に対（　　）するたい度。

意見《いけん》が対立（　　）する。

親子の対話（　　）。

坂

なりたち
「土」と「反（そり返《かえ》る・かたむく）」を合わせた字で、土地がそり返ってかたむいているさかを表す。

読み方	意味
さか （ハン）	・かたむいている道や地形

7画：坂坂坂坂坂坂坂

練習：坂（はらう） 坂

❶「坂」を書きましょう。

□《さか》を上る。

急《きゅう》な□《さか》。

上り□《ざか》。

□《さか》道《みち》を進《すす》む。

❷読みがなを書きましょう。

坂（　　）を上る。

急な坂（　　）。

上り坂（　　）がつづく。

坂道（　　）を進む。

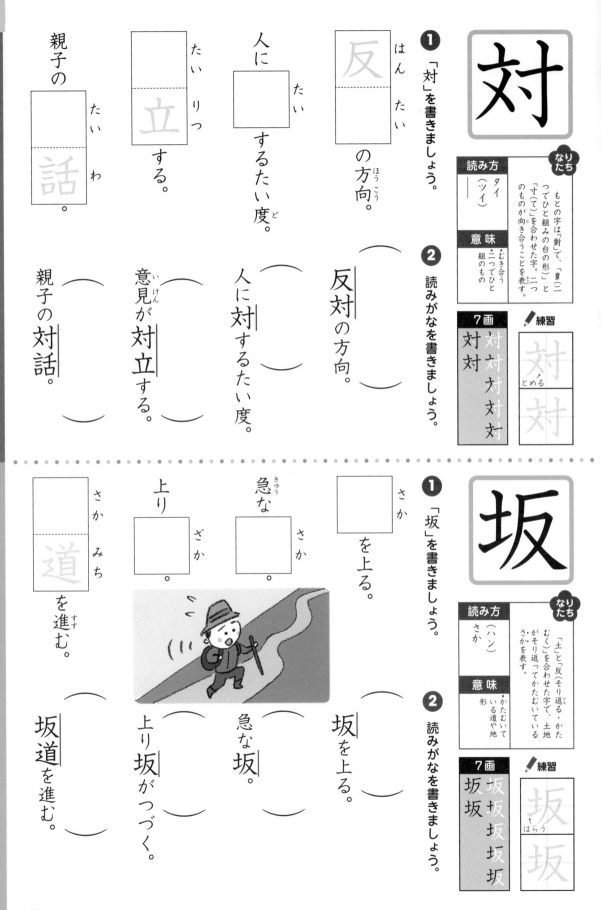

所

なりたち

「戸（木のとびら）」と「斤（おの）」を合わせた字。木をおので切ること。後に、同じ音の「処《しょ》」のところの意味《いみ》に使《つか》うようになった。

読み方	意味
ショ ところ	・地いきやぶぶんをあらわすことば

8画

所 所 所 所 所 所 所 所

練習

所 はらう

所

❶ 「所」を書きましょう。

高い□《ところ》。

家の台《だい》□《どころ》。

広い場《ば》□《しょ》。

近《きん》□《じょ》の店。

❷ 読みがなを書きましょう。

高い所に上る。（　　）

家の台所。（　　）

広い場所。（　　）

近所の店。（　　）

物

なりたち

「牛（うし）」と「勿（さまざまな色のぬの）」を合わせた字で、いろいろな毛の色が交じった牛を表《あらわ》し、後にいろいろなものの意味になった。

読み方	意味
ブツ モツ もの	・形のあるもの ・ことがら

8画

物 物 物 物 物 物 物 物

練習

物 はねる

物

❶ 「物」を書きましょう。

食べ□《もの》。

□《もの》語《がたり》を読む。

動《どう》□《ぶつ》の声。

大きい荷《に》□《もつ》。

❷ 読みがなを書きましょう。

おいしい食べ物。（　　）

物語を読む。（　　）

動物の声。（　　）

大きい荷物。（　　）

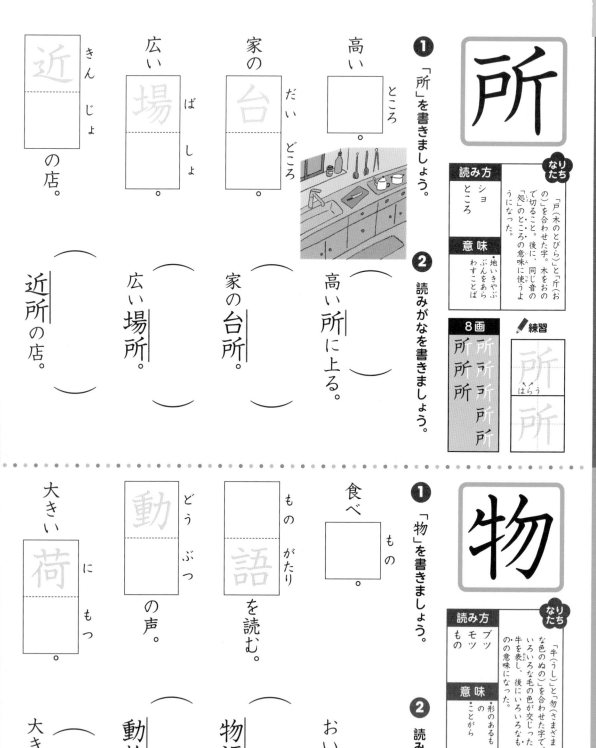

ドリル

点

1つ・5点

1 ―線の漢字《かんじ》の読みがなを書きましょう。

① 坂を上る。（　　）

② 高い所。（　　）

③ 物語を読む。（　　）

④ 反対の方向《ほうこう》。（　　）

⑤ 坂道を行く。（　　）

⑥ 身近《みぢか》な動物。（　　）

⑦ 意見《いけん》の対立。（　　）

⑧ 広い場所。（　　）

⑨ 上り坂がつづく。（　　）

⑩ 重《おも》い荷物。（　　）

2 読みがなにあう漢字を書きましょう。

① 食べ［もの］。

② 家の［だい どころ］。

③ ［はん たい］する。

④ 急《きゅう》な［さか］。

⑤ ［どう ぶつ］の声。

⑥ ［きん じょ］の店。

⑦ ゆるい［さか みち］。

⑧ ［たい わ］する。

⑨ 大きな［に もつ］。

⑩ 遊《あそ》ぶ［ば しょ］。

研

なりたち
「石（いし）」と「幵（そろえる）」を合わせた字。石の表面《ひょうめん》を平《たい》らにそろえてとぐことを表《あらわ》す。

読み方
ケン
（とぐ）

意味
・ものごとをふかく見きわめる

9画
研研研研研研研研研

練習
研（はらう）
研

1 「研」を書きましょう。

動物《どうぶつ》の［けん］［きゅう 究］。

社員《しゃいん》の［けん］しゅう会《かい》。
（社員の教いくやくんれんをする会）

2 読みがなを書きましょう。

動物の研究。（　　）（　　）

社員の研しゅう会。（　　）

秒

なりたち
「禾（いねのほ）」と「少（小さい）」を合わせ、小さく細いいねのほのことから、小さいものや小さい時間を表す。

読み方
ビョウ
—

意味
・時間
・一秒は一分の六十分の一

9画
秒秒秒秒秒秒秒秒秒

練習
秒（↑とめる）
秒

1 「秒」を書きましょう。

十《じゅう》［びょう］間《かん》。六十《ろくじゅう》［びょう］。

［びょう］読《よ》み。

2 読みがなを書きましょう。

十秒間待《ま》つ。（　　）一分は六十秒。（　　）

ロケットの秒読み。（　　）

組み合わさるときの形

「坂」という字は、「土」と「反」とを組み合わせたものです。しかし、「坂」という字の「土《つちへん》」の部分《ぶぶん》をよく見てみると、「土」とは少しちがっています。そうです。

土
↓
土

のように、さい後の横画《よこかく》が右上へ「はらう」形になっています。

「木」→「木」、「金」→「釒」、「矢」→「矢」、「女」→「女」、「食」→「飠」、「車」→「車」、「竹」→「⺮」などのように、べつの漢字《かんじ》の部分となるときに、形がかわるものに気をつけましょう。

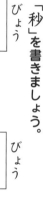

帳

読み方	意味
チョウ	・まく ・ノート

なりたち
「巾（ぬの）」と「長（ながい）」を合わせた字。昔《むかし》、長いぬのに字を書いたので、ノートのことを表《あらわ》す。

11画
帳 帳 帳 帳 帳 帳 帳 帳 帳 帳 帳

練習
長く

1 「帳」を書きましょう。

（手）て ちょう に書く。

メモ ちょう。

預金《よきん》（通）つう ちょう。

ちょう（面）めん。

2 読みがなを書きましょう。

手帳（　　）に書く。

メモ帳（　　）を買う。

銀行《ぎんこう》の預金《よきん》通帳（　　）。

帳面（　　）につける。

読み方を表《あらわ》す漢字《かんじ》

上の「帳」の字は、「巾」と「長」に分けられます。この「長」は、「船長・級長《きゅう》」のように「チョウ」という読み方があります。

このように、読み方を表《あらわ》す漢字《かんじ》が、べつの漢字に使《つか》われているものがあります。次《つぎ》の漢字の読み方をくらべてみましょう。

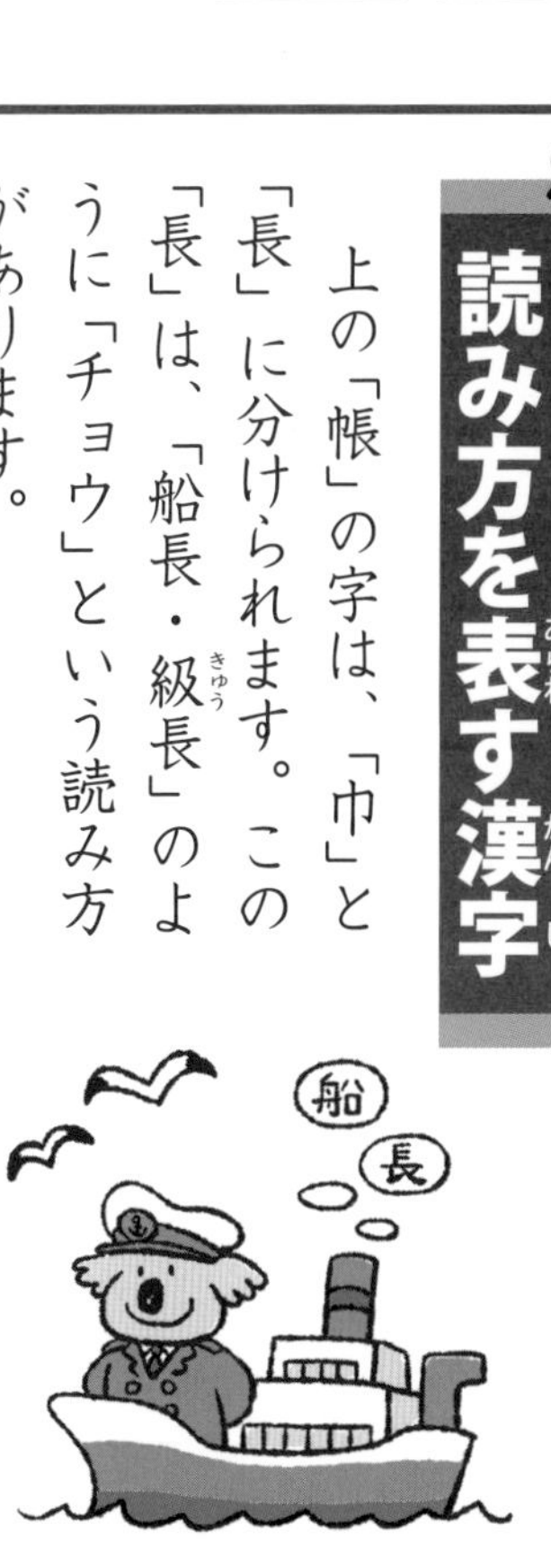

寺―持―時　寺《ジ》院《いん》・所《しょ》持《ジ》・時《ジ》間

交―校　交《コウ》通・学校《コウ》

羊―洋　羊《ヨウ》毛・太平洋《たいへいヨウ》

相―想　相《ソウ》談《だん》・感《かん》想《ソウ》

「詩《シ》」や「待《タイ》」のように、読み方のちがうものもあるので注《ちゅう》意《い》してね。

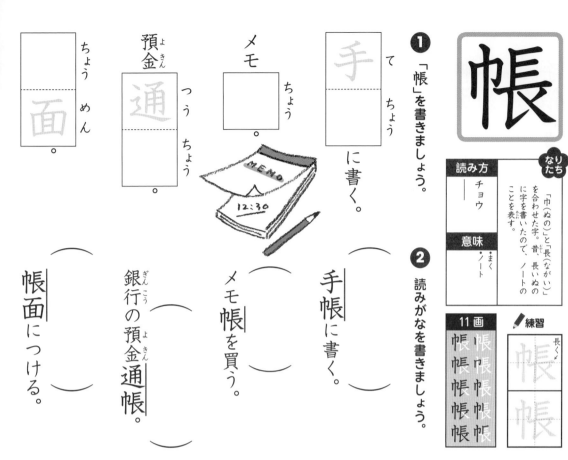

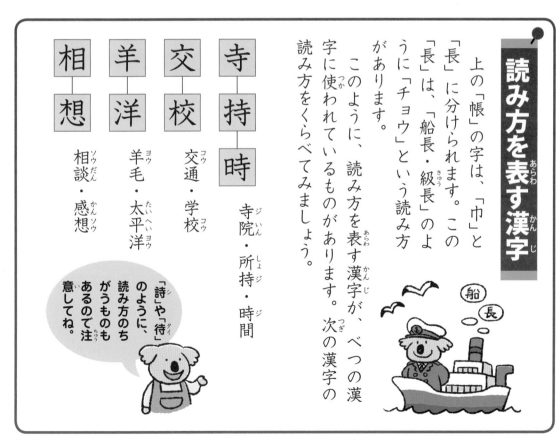

ドリル

□点

1つ・5点

1 ―線の漢字《かんじ》の読みがなを書きましょう。

① 一分は六十《ろくじゅう》秒。（　　）

② メモ帳を使《つか》う。（　　）

③ 社員の研しゅう。（　　）

④ 十《じゅう》秒間《かん》待《ま》つ。（　　）

⑤ 動物《どうぶつ》の研究。（　　）

⑥ 銀《ぎん》行《こう》の預金《よきん》通帳。（　　）

⑦ 帳面につける。（　　）

⑧ 研究を発表《はっぴょう》する。（　　）

⑨ 手帳に書く。（　　）

⑩ 秒読《よ》みを始《はじ》める。（　　）

2 読みがなにあう漢字を書きましょう。

① □《びょう》読《よ》み。

② 学者《がくしゃ》の□□《けんきゅう》。

③ 古い□《ちょう》面《めん》。

④ □□《てちょう》に書く。

⑤ □《けん》しゅう会。

⑥ 六十□《びょう》。

⑦ メモ□《ちょう》。

⑧ □□《けんきゅう》発表《はっぴょう》。

⑨ 十□《びょう》間。

⑩ 預金《よきん》□□《つうちょう》。

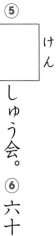

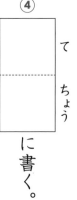

球

なりたち
「王（玉）」と「求（きゅっとしめつけてきる毛皮）」を合わせた字。まるくまとまったたまを表《あらわ》す。

読み方	意味
キュウ たま	•まるいもの •ボール •「野球」のりゃく

11画
球球球球球球球球球球球

練習
わすれずに
球 球

❶「球」を書きましょう。

野《や》□《きゅう》のチーム。

電《でん》□《きゅう》の明かり。

電気の□《たま》。

テニスの□《たま》。

❷読みがなを書きましょう。

野球（　　）のチーム。

電球（　　）の明かり。

電気の球（　　）。

テニスの球（　　）。

短

なりたち
「矢（たけが長くないや）」と「豆（みじかいうつわの形）」を合わせた字で、みじかいことを表す。

読み方	意味
タン みじかい	•みじかい •おとっている

12画
短短短短短短短短短短短短

練習
とめる
短 短

❶「短」を書きましょう。

□《みじか》いひも。

□《みじか》く話す。

□《たん》文《ぶん》を作る。

弟の□《たん》所《しょ》。
（弟のわるいところ、足りないところ）

❷読みがなを書きましょう。

短（　　）いひも。

短（　　）く話す。

短文（　　）を作る。

弟の短所（　　）。

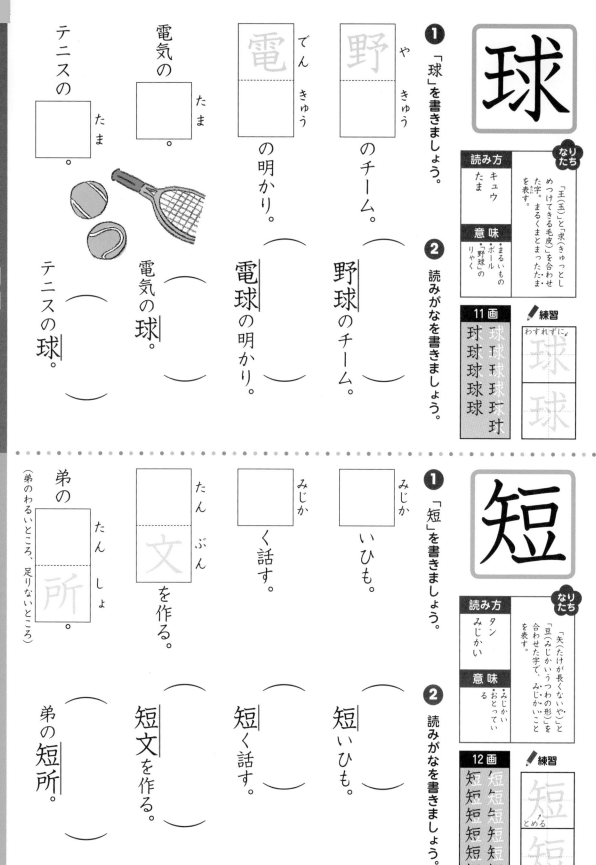

路

なりたち 「足（あし）」と「各（つかえながらすすむ）」を合わせた字で、よこにれんらくするみち・を表《あらわ》す。

読み方 ロ　じ

意味 •みち •すじみち

13画 路 路 路 路 路 路 路 路 路 路 路 路 路

練習 路（はらう） 路

1 「路」を書きましょう。

広い（道《どう》）（ろ）。

（線《せん》）（ろ）がつづく。

（家《いえ》）（じ）につく。

（旅《たび》）（じ）を急《いそ》ぐ。

2 読みがなを書きましょう。

駅前《えきまえ》の広い**道路**。（　　）

線路がつづく。（　　）

家路につく。（　　）

旅路を急ぐ。（　　）

駅

なりたち もとの字は「驛」。「馬（うま）」と「睪（つぎつぎにしらべる）」を合わせた字で、昔《むかし》、馬を乗《の》りつぐ宿場《しゅくば》を表した。

読み方 エキ　―

意味 •電車などが止まるところ

14画 駅 駅 駅 駅 駅 駅 駅 駅 駅 駅 駅 駅 駅 駅

練習 駅（はねる） 駅

1 「駅」を書きましょう。

（えき）に着《つ》く。

（えき）のホーム。

（えき）（長《ちょう》）室《しつ》。

（えき）（員《いん》）の仕事《しごと》。

2 読みがなを書きましょう。

電車が**駅**に着く。（　　）

駅のホーム。（　　）

駅長室に入る。（　　）

駅員の仕事。（　　）

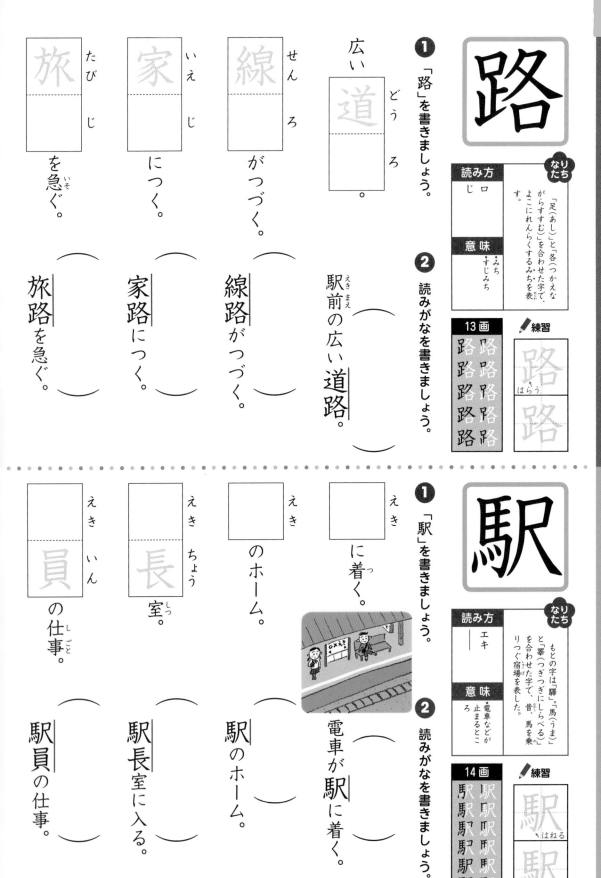

ドリル

点

1つ・5点

❶ ―線の漢字《かんじ》の読みがなを書きましょう。

① 短く話す。（　　）

② 野球のチーム。（　　）

③ 駅に着《つ》く。（　　）

④ 線路がつづく。（　　）

⑤ テニスの球。（　　）

⑥ 短所を直す。（　　）

⑦ 道路の工事《こうじ》。（　　）

⑧ 駅長のぼうし。（　　）

⑨ 電球をかえる。（　　）

⑩ 旅路を急《いそ》ぐ。（　　）

❷ 読みがなにあう漢字を書きましょう。

① □《えき》のホーム。

② □□《たんぶん》を作る。

③ 広い□□《どうろ》。

④ □□《やきゅう》大会。

⑤ 弟の□□《たんしょ》。

⑥ □□《えきいん》の仕事《しごと》。

⑦ 豆《まめ》□□《でんきゅう》。（小さいでんきゅうのこと）

⑧ □□《いえじ》につく。

⑨ 電気の□《たま》。

⑩ 〔　　〕《みじか》いひも。

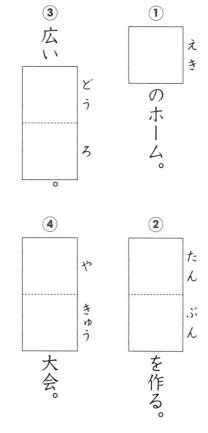

まとめドリル

□点
1つ・5点

1 読みがなにあう漢字《かんじ》を書きましょう。

① 高い□《ところ》。

② □《つぎ》の日。

③ 電気の□《たま》。

④ 家《いえ》□《じ》につく。

⑤ 食べ□《もの》。

⑥ 急《きゅう》な□《さか》。

⑦ 十《じゅう》□《びょう》間《かん》。

⑧ □《えき》のホーム。

⑨ メモ□《ちょう》。

⑩ □《けん》しゅう会。

2 読みがなにあう漢字を書きましょう。

① □□《ぶんか》の日。

② □□《れっしゃ》に乗《の》る。

③ 本の□□《もくじ》。

④ □□《やきゅう》のチーム。

⑤ 長い□□《せんろ》。

⑥ □□《はんたい》の方向《ほうこう》。

3 次《つぎ》のことばを漢字と送《おく》りがなで〔　〕に書きましょう。

① 〔　〕《かるい》箱《はこ》。

② 試《し》験《けん》を〔　〕《うける》。

③ 〔　〕《みじかい》ひも。

④ たぬきが〔　〕《ばける》。

41 二つ(その他《た》)に分かれる漢字《かんじ》

者・起・病・開・題

二つに分かれる漢字《かんじ》には、上と下に分かれるもの、右と左に分かれるものがありました。このほかにも、次《つぎ》のような組み立てがあります。

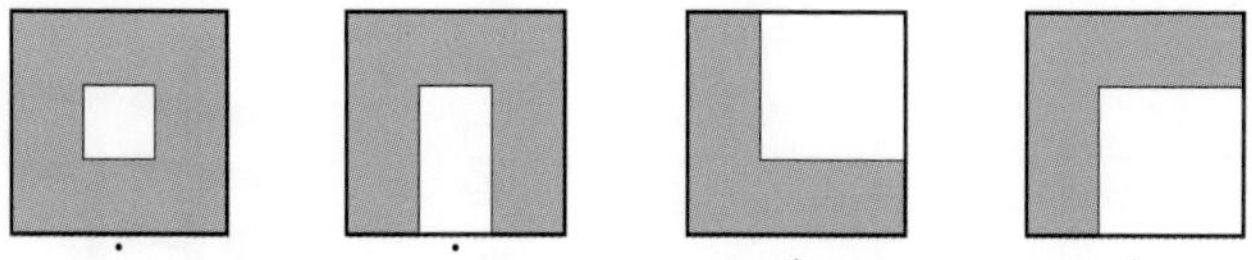

原・病　店・庫

通・送　起

…間・開

…国・図

ここでは、三年生で習《なら》う次の五つの漢字をおぼえましょう。

漢字	おもな読み方
者	シャ もの
起	キ おきる おこる
病	ビョウ (ヘイ) やまい
開	カイ ひらく あける
題	ダイ —

者

なりたち
たき木を集《あつ》めてもやしている様子《ようす》をえがいた字。後に、集まったものの中から、これとさす意味《いみ》になった。

読み方
シャ
もの

意味
・あることにかんけいのある人

8画
者者者者者者者者

練習
者　者
長く

1 「者」を書きましょう。

がくしゃ
学□の研究《けんきゅう》。

物語《ものがたり》の作□。（さくしゃ）

わか□の集《あつ》まり。（もの）

はたらき□。（もの）

2 読みがなを書きましょう。

学者（　　）の研究。

物語の作者（　　）。

わか者（　　）の集まり。

はたらき者（　　）の話。

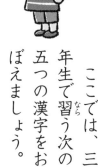

起

なりたち
「走（足の動《うご》き）」と「己（もののはじめ）」を合わせた字。人が立ち上がってものごとを始《はじ》めることを表《あらわ》す。

読み方
キ
おきる
おこる
おこす

意味
・おきあがる
・はじまる

10画

練習　はねる

❶「起」を書きましょう。

早く□《お》きる。

弟を□《お》こす。

□《き》立《りつ》する。

□《き》しょう時間。
（目をさましておきる時間）

❷読みがなを書きましょう。

朝早く起きる。（　　）

弟を起こす。（　　）

全員《ぜんいん》が起立する。（　　）

起しょう時間。（　　）

病

なりたち
「疒（びょうきのときにねるベッド）」と「丙（ぴんとはった体）」を合わせた字。病気《びょうき》で体が動《うご》かなくなることを表す。

読み方
ビョウ
（ヘイ）
（やむ）
やまい

意味
・体のぐあいがわるくなる
・なやみくるしむ

10画

練習　はねる

❶「病」を書きましょう。

□《びょう》気《き》がなおる。

市内の□《びょう》院《いん》。

□《やまい》にたおれる。

重《おも》い□《やまい》。

❷読みがなを書きましょう。

病気がなおる。（　　）

市内の病院。（　　）

病にたおれる。（　　）

重い病。（　　）

開

なりたち
「門（もん）」と「幵（同じものがそろってならぶ）」を合わせた字。左右のとびらがそろってひらくことを表《あらわ》す。

読み方
カイ
ひらく
ひらける
あく
あける

意味
•広げる
•あける
•はじめる

12画

練習
はねる

❶ 「開」を書きましょう。

本を□《ひら》く。

まどを□《あ》ける。

□《かい》会《かい》式《しき》。

□《かい》始《し》する。

❷ 読みがなを書きましょう。

本を開く。（　　）

まどを開ける。（　　）

大会の開会式。（　　）

試《し》合《あい》を開始する。（　　）

題

なりたち
「是（まっすぐにのびる）」と「頁（あたま）」を合わせた字。まっすぐにつき出たひたいのことから、文章《ぶんしょう》のはじめに出ている見出しを表す。

読み方
ダイ
―

意味
•内ようをしめす見出し
•答えることがら

18画

練習
はらう

❶ 「題」を書きましょう。

作文の□《だい》。

曲《きょく》の□《だい》名《めい》。

問《もん》□《だい》をとく。

国語の宿《しゅく》□《だい》。

❷ 読みがなを書きましょう。

作文の題。（　　）

曲の題名。（　　）

問題をとく。（　　）

国語の宿題。（　　）

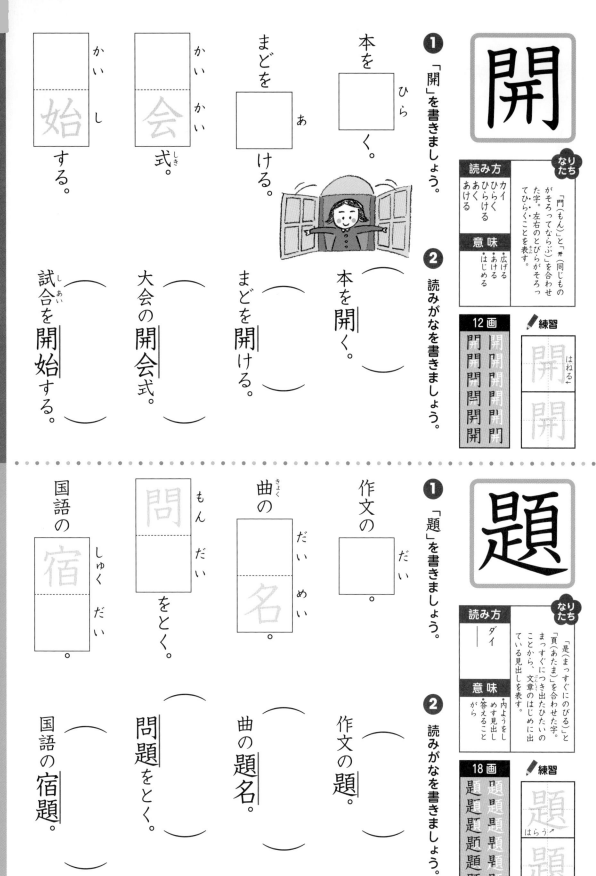

ドリル

点

1つ・5点

1 ―線の漢字《かんじ》の読みがなを書きましょう。

① 花が開く。（　　）

② 全員《ぜんいん》が起立する。（　　）

③ 学者の研究《けんきゅう》。（　　）

④ 曲《きょく》の題名。（　　）

⑤ 弟を起こす。（　　）

⑥ 病院の建物《たてもの》。（　　）

⑦ 病にたおれる。（　　）

⑧ 国語の宿題。（　　）

⑨ 起しょう時間。（　　）

⑩ 試合《しあい》を開始する。（　　）

2 読みがなにあう漢字を書きましょう。

① 作文の［　］《だい》。

② 市の［　｜　］《びょういん》。

③ 本の［　｜　］《さくしゃ》。

④ ［　｜　］《もんだい》をとく。

⑤ ［　｜　］《びょうき》で休む。

⑥ 本を［　］《ひら》く。

⑦ ［　｜　］《かいかい》式《しき》。

⑧ 早く［　］《お》きる。

⑨ わか［　］《もの》。

⑩ まどを［　］《あ》ける。

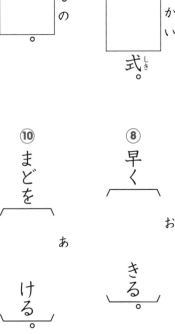

42 二つに分けられない漢字《かんじ》

主・央・皮・曲・去・死・式・州・身・豆・表・面・

これまでは、二つに分けられる漢字《かんじ》を取《と》り上げてきましたが、二つに分けられないものもあります。しかし、このような漢字の中には、二つのものが組み合わさるときの部分《ぶぶん》になるものがあります。

ここでは、三年生で習《なら》う次《つぎ》の十二の漢字をおぼえましょう。

主→住・注・柱
皮→波
曲→農
豆→短

漢字	おもな読み方
央	オウ ―
去	キョ コ さる
主	シュ (ス) ぬし・おも
皮	ヒ かわ
曲	キョク まがる まげる

漢字	おもな読み方
死	シ しぬ
式	シキ ―
州	シュウ (す)
身	シン み
豆	トウ ズ まめ
表	ヒョウ おもて あらわす
面	メン・(おも) (おもて) (つら)

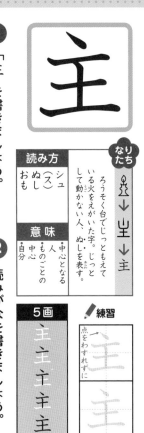

主

読み方
シュ
(ス)
ぬし
おも

意味
・中心となる人
・ものごとの中心
・自分

なりたち
ろうそく台でじっともえている火をえがいた字。じっとして動かない人、ぬし・を表す。

5画

練習
点をわすれずに

1 「主」を書きましょう。

文の しゅ 語。
店の しゅ 人。
犬のかい ぬし 。
おも な作品《さくひん》。

2 読みがなを書きましょう。

文の主語。（　　）
店の主人。（　　）
犬のかい主。（　　）
作家の主な作品。（　　）

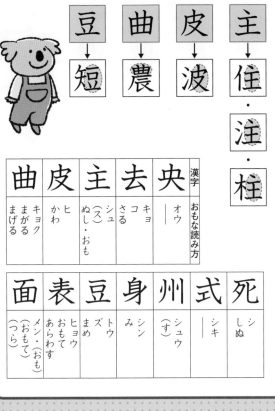

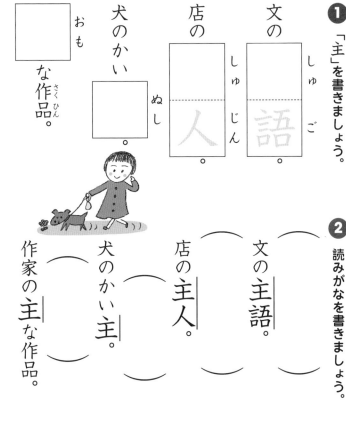

央

なりたち 「大（大の字に立った人）」と「冂」のしるしを合わせた字。人の真《ま》ん中にある首を「冂」でしめし、ものの真ん中を表《あらわ》す。

5画 央 央 央 央 央

練習 央（つき出す←） 央

読み方 オウ ―

意味 ●もののまん中 ●中心となるところ

❶ 「央」を書きましょう。

部屋《へや》の □□（ちゅう おう）。

市の □□（ちゅう おう） 公園。

❷ 読みがなを書きましょう。

部屋の中央。（　　）

市の中央公園。（　　）

皮

なりたち 「𠂆（動物《どうぶつ》のかわ）」と「又（て）」を合わせた字で、右手でけがわを体にかける様子《ようす》を表す。

5画 皮 皮 皮 皮 皮

練習 皮（まっすぐ） 皮

読み方 ヒ かわ

意味 ●動植物《どうしょくぶつ》の外をおおっているもの ●うわべ

❶ 「皮」を書きましょう。

手の □（ひ） ふ。

□□（ひ にく）。

バナナの □（かわ）。

❷ 読みがなを書きましょう。

手の皮ふ。（　　）

皮肉を言う。（　　）

バナナの皮。（　　）

曲

なりたち  まがったものさしをえがいた字。まがることを表す。

6画 曲 曲 曲 曲 曲 曲

練習 曲（↓つき出す） 曲

読み方 キョク まがる まげる

意味 ●まっすぐでない ●音楽の作ひん

❶ 「曲」を書きましょう。

右に □（ま） がる。

□□（きょく せん）。

美《うつく》しい □（きょく）。

❷ 読みがなを書きましょう。

右に曲がる。（　　）

曲線をえがく。（　　）

美しい曲をきく。（　　）

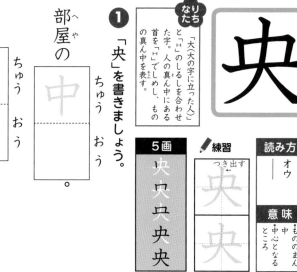

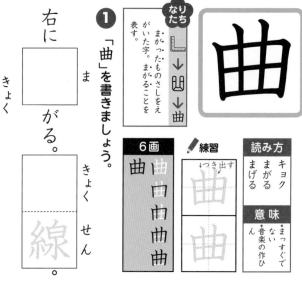

ドリル

点

1つ・5点

1 ―線の漢字《かんじ》の読みがなを書きましょう。

① 中央公園。（　　）

② 美《うつく》しい曲。（　　）

③ 主な話題《わだい》。（　　）

④ バナナの皮。（　　）

⑤ 右に曲がる。（　　）

⑥ 犬のかい主。（　　）

⑦ 皮肉を言う。（　　）

⑧ 店の主人。（　　）

⑨ 手の皮ふ。（　　）

⑩ 曲線をえがく。（　　）

2 読みがなにあう漢字を書きましょう。

① りんごの□《かわ》。

② 市の□□《ちゅうおう》。

③ すきな□《きょく》。

④ 文の□□《しゅご》。

⑤ □《おも》な作品《さくひん》。

⑥ □□《ひにく》な話。

⑦ 手の□《ひ》ふ。

⑧ □□《きょくせん》をかく。

⑨ 犬のかい□《ぬし》。

⑩ 角を［　《ま》がる］。

去

読み方
キョ
コ
さる

意味
・すぎる
・いなくなる
・とりのぞく

なりたち
ふたのついたうつわをえがいた字。うつわの中に入れると見えなくなることから、いなくなることを表《あらわ》す。

5画
去 去 去 去 去

練習
去（長く）
去

❶ 「去」を書きましょう。

走り［さ］る。

取《と》り［さ］る。

［きょ］年《ねん》の春。

過《か》［こ］のできごと。

❷ 読みがなを書きましょう。

車が走り去る。（　　）

ごみを取り去る。（　　）

去年の春。（　　）

過《か》去のできごと。（　　）

死

読み方
シ
しぬ

意味
・いのちがなくなる
・いのちがけ

なりたち
「歹（ほね）」と「匕（たおれた人）」を合わせた字で、人がたおれて、しんでほねになることを表す。

6画
死 死 死 死 死 死

練習
死（右から）
死

❶ 「死」を書きましょう。

金魚が［し］ぬ。

事故《じこ》で［し］ぬ。

［し］者《しゃ》。

必《ひっ》［し］で走る。

❷ 読みがなを書きましょう。

金魚が死ぬ。（　　）

事故で死ぬ。（　　）

事故による死者。（　　）

必《ひっ》死で走る。（　　）

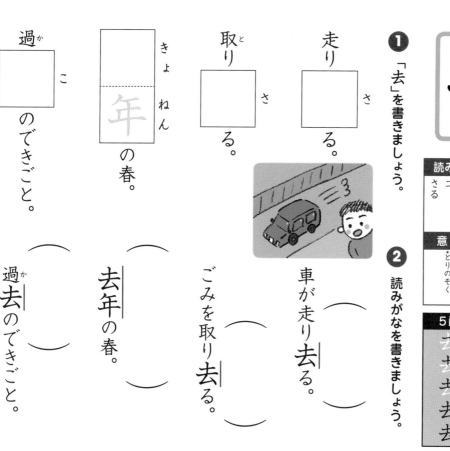

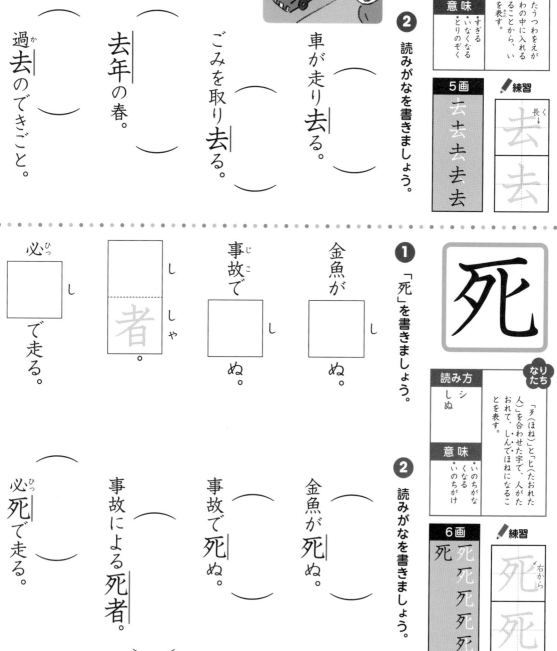

式

なりたち
「弋（ぼう）」と「工（工作）」を合わせた字で、道具《どうぐ》を使《つか》って物《もの》を作るときのやり方を表《あらわ》す。

読み方
シキ
―

意味
・きまったやり方
・計算のやり方

6画
式 （筆順）

✎練習
わすれずに↓

❶ 「式」を書きましょう。

□《しき》と答え。

入学《にゅうがく》□《しき》。

正《せい》□《しき》な名前。

洋《よう》□《しき》トイレ。

❷ 読みがなを書きましょう。

式（　　）と答えを書く。

妹の入学式（　　）。

正式（　　）な名前。

洋式（　　）トイレ。

州

なりたち

川の中にできた小さな島《しま》をえがいた字。

読み方
シュウ
（す）

意味
・大きなりく地
・土地のくぎり

6画
州 （筆順）

✎練習
はらう

❶ 「州」を書きましょう。

本《ほん》□《しゅう》の南部《なんぶ》。

九《きゅう》□《しゅう》地方。

フロリダ□《しゅう》。

□《しゅう》の議会《ぎかい》。

❷ 読みがなを書きましょう。

本州（　　）の南部。

九州（　　）地方に行く。

フロリダ州（　　）。

州（　　）の議会《ぎかい》。

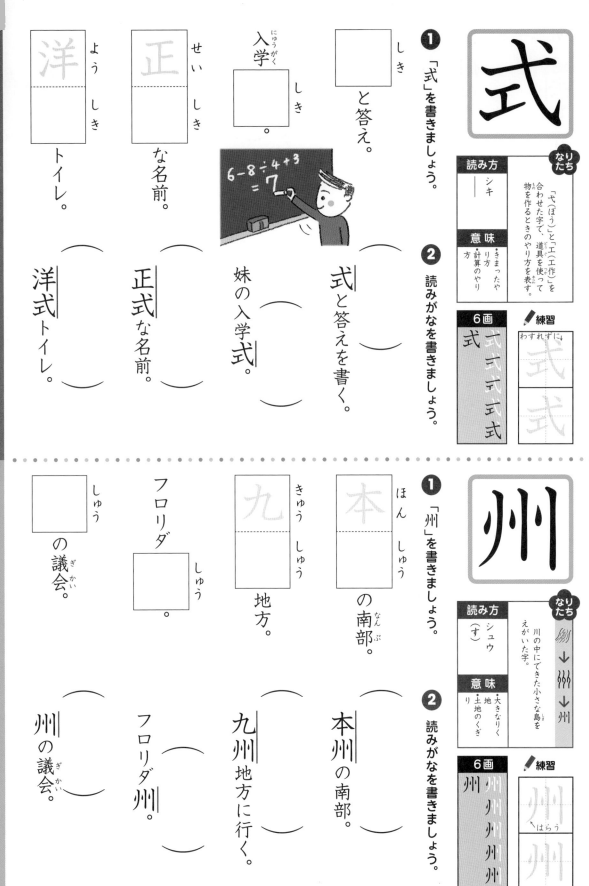

ドリル

点
1つ・5点

❶ ―線の漢字《かんじ》の読みがなを書きましょう。

① 車が<u>去</u>る。（　　）
② 入学<u>式</u>に出る。（　　）
③ 必《ひっ》<u>死</u>で走る。（　　）
④ <u>九州</u>を旅行《りょこう》する。（　　）
⑤ <u>正式</u>な名前。（　　）
⑥ <u>去年</u>のできごと。（　　）
⑦ <u>州</u>の議会《ぎかい》。（　　）
⑧ <u>死者</u>の数がへる。（　　）
⑨ 過《か》<u>去</u>をふりかえる。（　　）
⑩ <u>本州</u>の広さ。（　　）

❷ 読みがなにあう漢字を書きましょう。

① フロリダ［　］《しゅう》。
② ［　　］《ようしき》トイレ。
③ 取《と》り［　］《さ》る。
④ 事故《じこ》による［　　］《ししゃ》。
⑤ 過《か》［　］《こ》の話。
⑥ ［　　］《せいしき》な名前。
⑦ 算数の［　］《しき》。
⑧ 走り［　］《さ》る。
⑨ ［　］《しゅう》の議会《ぎかい》。
⑩ 事故で［　］《し》ぬ。

身

なりたち

おなかに赤ちゃんがいる女の人のすがたをえがいた字で、体を表《あらわ》す。

読み方	意味
シン み	•体 •自分 •なかみ

7画

練習（つき出す）

❶ 「身」を書きましょう。

（み）□の回り。

（みぢか）□近な人。

（しんちょう）□長をはかる。

（ぜんしん）全□の力。

❷ 読みがなを書きましょう。

身の回りの草花。（　）

身近な人の話。（　）

身長をはかる。（　）

全身の力をこめる。（　）

豆

なりたち

食べ物《もの》をもるうつわをえがいた字。後に、この形ににたまめを表した。

読み方	意味
トウ ズ まめ	•まめ •小さいものをあらわすことば

7画

練習（長く）

❶ 「豆」を書きましょう。

（まめ）□つぶ。

（まめ）□電球《でんきゅう》。

（だいず）大□をにる。

（とう）□ふを食べる。

❷ 読みがなを書きましょう。

豆つぶを拾《ひろ》う。（　）

豆電球の明かり。（　）

大豆をにる。（　）

豆ふを食べる。（　）

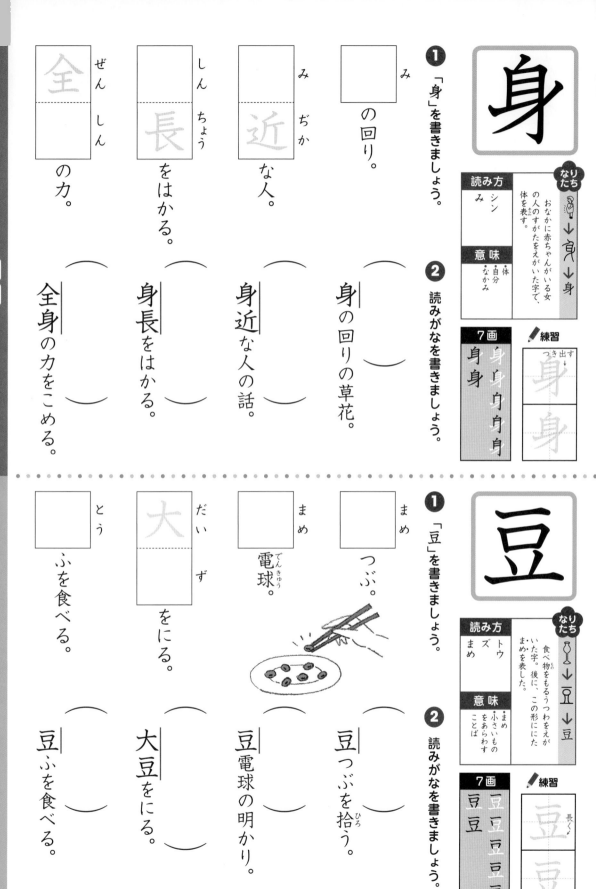

表

なりたち
「毛(け)」と「衣(着物《きもの》)」を合わせた字。毛《け》のあるぶぶんをおもてに出して着たことから、おもてやあらわれることを表《あらわ》す。

読み方
ヒョウ おもて あらわす あらわれる

意味
・外がわ、おもて ・図ひょう

8画

練習　長く↓

1 「表」を書きましょう。

書き□《あらわ》す。

月の□《ひょう》面《めん》。

発《はっ》□《ぴょう》する。

はがきの□《おもて》。

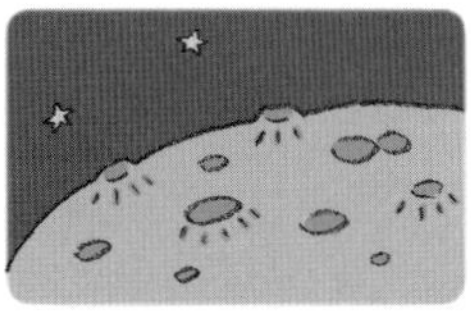

2 読みがなを書きましょう。

文字で書き表す。（　　）

月の表面を見る。（　　）

クラスで発表する。（　　）

はがきの表。（　　）

面

なりたち
顔のまわりを線でかこんだ様子《ようす》をえがいた字で、顔のひょうめんを表す。

読み方
メン （おも） （おもて） （つら）

意味
・顔 ・たいらなぶぶん ・めん

9画

練習

1 「面」を書きましょう。

おにの□《めん》。

平《たい》らな地《じ》□《めん》。

建《たて》物《もの》の正《しょう》□《めん》。

画《が》□《めん》を見る。

2 読みがなを書きましょう。

おにの面をかぶる。（　　）

平らな地面。（　　）

建《たて》物《もの》の正面。（　　）

テレビの画面を見る。（　　）

ドリル

点

1つ・5点

1 ―線の漢字《かんじ》の読みがなを書きましょう。

① 豆つぶを数える。（　　）

② おにの面。（　　）

③ 身の回りの生物《せいぶつ》。（　　）

④ 発表をする。（　　）

⑤ 身長をはかる。（　　）

⑥ 大豆の料理《りょうり》。（　　）

⑦ グラフに表す。（　　）

⑧ 平《たい》らな地面。（　　）

⑨ 白い豆ふ。（　　）

⑩ はがきの表。（　　）

2 読みがなにあう漢字を書きましょう。

① □《み》につける。

② □□《だいず》をにる。

③ 紙の□《おもて》とうら。

④ □□《じめん》をほる。

⑤ お□《めん》を作る。

⑥ □□《みぢか》なぎ問《もん》。

⑦ 小さな□《まめ》。

⑧ □□《がめん》を見る。

⑨ 白い□《とう》ふ。

⑩ 書き［　　］《あらわ》す。

まとめドリル

点

1つ・5点

❶ 読みがなにあう漢字《かんじ》を書きましょう。

① 重《おも》い□《やまい》。

② はたらき□《もの》。

③ 美《うつく》しい□《きょく》。

④ □《おも》な作品《さくひん》。

⑤ 手の□《ひ》ふ。

⑥ 過《か》□《こ》五年間。

⑦ □《まめ》つぶ。

⑧ □《しき》と答え。

⑨ □《み》の回り。

⑩ 金魚が□《し》ぬ。

❷ 読みがなにあう漢字を書きましょう。

① □□《かいかい》式《しき》。

② □□《もんだい》をとく。

③ 市の□□《ちゅうおう》。

④ 童話《どうわ》の□□《さくしゃ》。

⑤ □□《きゅうしゅう》地方。

⑥ □□《じめん》をける。

❸ 次《つぎ》のことばを漢字と送《おく》りがなで〔　〕に書きましょう。

① 早く〔　〕《おきる》。

② ことばに〔　〕《あらわす》。

③ 本を〔　〕《ひらく》。

④ 右に〔　〕《まがる》。

43 体の部分《ぶぶん》を表《あらわ》す漢字《かんじ》

歯・鼻

漢字《かんじ》の中には、体の部分《ぶぶん》を表《あらわ》すものがあります。

※○数字は習う学年

歯

なりたち
もとの字は「齒」で、口の中にはがならんでいる様子《ようす》をえがいたもの。

12画
歯 歯 歯 歯 歯 歯 歯 歯 歯 歯 歯 歯

練習
歯 歯（おる）

読み方
は　シ

意味
・は
・はのようなもの

1 「歯」を書きましょう。

□《は》ブラシ。

□《し》科《か》の医院《いいん》。

2 読みがなを書きましょう。

歯（　　）ブラシを使《つか》う。

歯科（　　）の医院に行く。

鼻

なりたち
「自（はな）」と「畀（くっつく）」を合わせた字で、二つくっついているあなから息《いき》が出るはなを表《あらわ》す。

14画
鼻 鼻 鼻 鼻 鼻 鼻 鼻 鼻 鼻 鼻 鼻 鼻 鼻 鼻

練習
鼻 鼻（はらう）

読み方
はな　（ビ）

意味
・はな

1 「鼻」を書きましょう。

□《はな》息《いき》。

□《はな》声《ごえ》。

2 読みがなを書きましょう。

鼻息（　　）があらい。

鼻声（　　）になる。

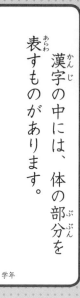

44 にた部分《ぶぶん》のある漢字《かんじ》

予・事・平・幸・皿・血・具・負・重・乗

漢字《かんじ》の中には、にている部《ぶ》分《ぶん》のあるものがあります。
ここでは、次《つぎ》の漢字を組にしておぼえましょう。

予　事

たての「亅」の画だよ。

皿　血

「ノ」があるか、ないかのちがいだね。

重　乗

横画《よこかく》の数と長さに気をつけてね。

平　幸

「干」が同じ形だよ。

具　負

全体の形がよくにているね。

予

なりたち　わを下にずらした様子《ようす》からできた字。ずらしてゆとりをもってすることを表《あらわ》す。

4画　予

練習　予（はねる）

読み方　ヨ

意味　•前もって　•あらかじめ

❶ 「予」を書きましょう。

よてい　□定。

よしゅう　□習。

❷ 読みがなを書きましょう。

来週の予定。（　　　）

国語の予習。（　　　）

事

なりたち　役人のまかされたしごとや役目《やくめ》のことから、しごとの意味《いみ》になった。

8画　事

練習　事（長く）

読み方　ジ（ズ）　こと

意味　•できごと　•ものごと　•しごと

❶ 「事」を書きましょう。

しごと　仕□。

こうじ　工□。

❷ 読みがなを書きましょう。

父の仕事。（　　　）

道《どう》路《ろ》工事が始《はじ》まる。（　　　）

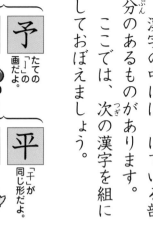

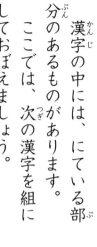

平

なりたち
うき草が、水面《すいめん》にたいらにうかんだ形をえがいた字。

読み方
ヘイ
ビョウ
たいら
ひら

意味
・でこぼこがない
・おだやか
・ふつう
・ひとしい

5画

練習
長く

1 「平」を書きましょう。

□《へい》気《き》でいる。

□《たい》らな土地。

□《ひら》たい石。

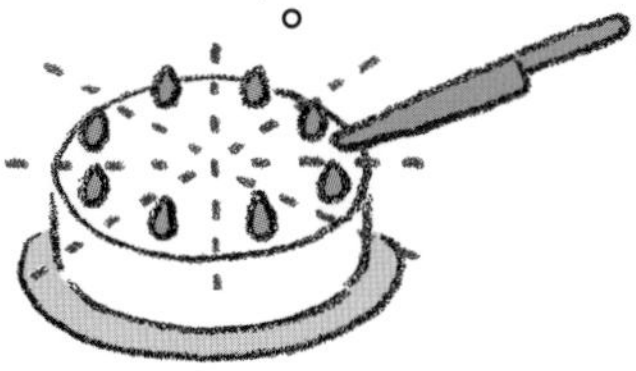

□《びょう》等《どう》に分ける。
（さをつけないで、同じように分ける）

2 読みがなを書きましょう。

平気でいる。（　　）

平らな土地。（　　）

平たい石。（　　）

平等に分ける。（　　）

幸

なりたち
手かせをえがいた字で、手かせをはめられないですむことから、しあわせを表《あらわ》す。

読み方
コウ
さいわい
（さち）
しあわせ

意味
・しあわせ
・海や山でとれた食べもの

8画

練習
長く

1 「幸」を書きましょう。

□《しあわ》せにくらす。

□《こう》福《ふく》になる。

□《こう》運《うん》をいのる。

不《ふ》幸中《こうちゅう》の□《さいわ》い。

2 読みがなを書きましょう。

幸せにくらす。（　　）

幸福になる。（　　）

幸運をいのる。（　　）

不《ふ》幸中《こうちゅう》の幸い。（　　）

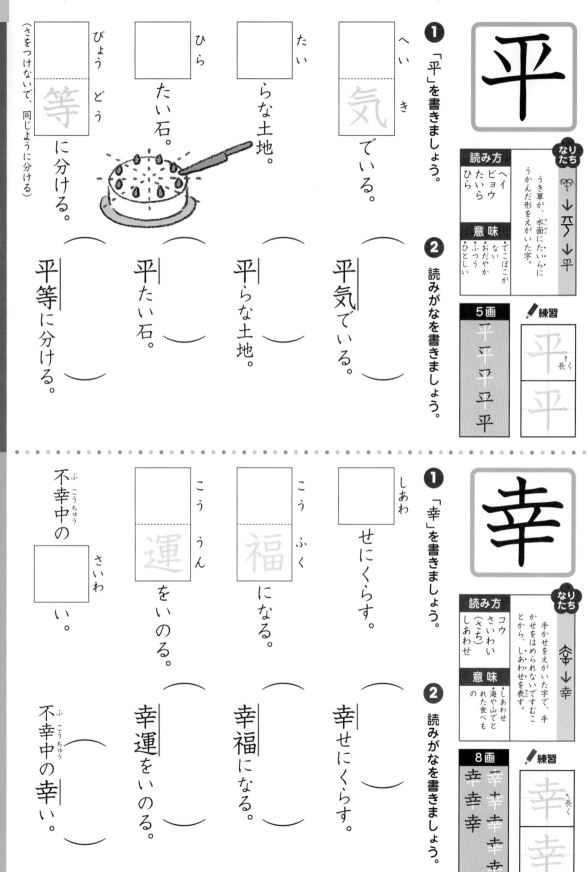

ドリル

点
1つ・5点

❶ ―線の漢字《かんじ》の読みがなを書きましょう。

① 平らにする。（　　）
② 平気でいる。（　　）
③ 幸せになる。（　　）
④ 鼻息があらい。（　　）
⑤ 父の仕事。（　　）
⑥ 歯科の医院《いいん》。（　　）
⑦ 国語の予習。（　　）
⑧ 幸運をいのる。（　　）
⑨ 不《ふ》幸《こう》中《ちゅう》の幸い。（　　）
⑩ 平等に配《くば》る。（　　）

❷ 読みがなにあう漢字を書きましょう。

① □（は）ブラシ。
② 来週の□□（よてい）。
③ □□（こうじ）中《ちゅう》。
④ □□（びょうどう）に分ける。
⑤ □（ひら）たい石。
⑥ （しあわ）せにくらす。
⑦ □□（しごと）。
⑧ （たい）らな土地。
⑨ □□（はなごえ）。
⑩ （さいわ）いをねがう。

皿

なりたち：→ → 皿
さら の形をえがいた字。

読み方	
さら	
意味	・食べものなどをもる、あさいうつわ

5画

練習（出す）

1 「皿」を書きましょう。

円《まる》い□《さら》。

□《さら》にもる。

大《おお》□《ざら》の絵。

はい□《ざら》。

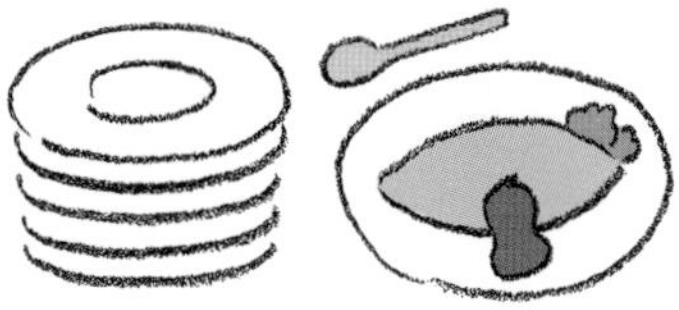

2 読みがなを書きましょう。

円い皿（　　）を用意《ようい》する。

皿（　　）に料理《りょうり》をもる。

大皿（　　）の絵。

はい皿（　　）にすてる。

血

なりたち：→ → 血
皿《さら》の中に動物《どうぶつ》のちを入れて、神様《かみさま》にそなえた様子《ようす》をえがいた字。

読み方	
ケツ	ち
意味	・ち ・ちすじ

6画

練習（右から）

1 「血」を書きましょう。

□《ち》がにじむ。

鼻《はな》□《ぢ》を出す。

□《けつ》えき型《がた》。

手の□《けっ》管《かん》。

2 読みがなを書きましょう。

血（　　）がにじむ。

鼻血（　　）を出す。

血（　　）えき型《がた》を調《しら》べる。

手の血（　　）管《かん》。

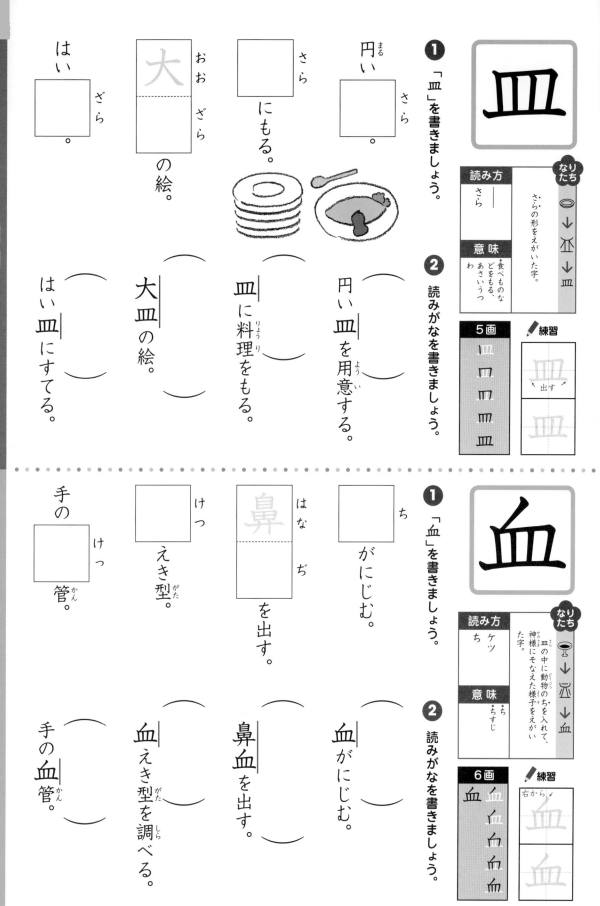

具

なりたち
うつわを両手《りょうて》で持《も》っている様子《ようす》をえがいた字。

読み方	意味
グ	・道ぐやしなもの ・そろえる

8画

練習 わすれずに

❶ 「具」を書きましょう。

工作の道□《どうぐ》。

家□□《かぐ》の位置《いち》。

絵の□《ぐ》。

ベルトの金□《かなぐ》。

❷ 読みがなを書きましょう。

工作の道具。（　　）

家具の位置《いち》。（　　）

緑色《みどりいろ》の絵の具。（　　）

ベルトの金具。（　　）

負

なりたち
「⺈（せなかをまるめた人）」と「貝（お金《かね》）」を合わせた字。せなかに品物《しなもの》をせおうことから、せを向《む》けてにげることを表《あらわ》す。

読み方	意味
フ まける まかす おう	・まける ・せなかにのせる ・引きうける

9画

練習 とめる←

❶ 「負」を書きましょう。

試合《しあい》で□《ま》ける。

勝□《しょうぶ》がつく。（かちまけがきまる）

足を□《ふ》しょうする。

荷《に》をせ□《お》う。

❷ 読みがなを書きましょう。

試合《しあい》で負ける。（　　）

勝負がつく。（　　）

足を負しょうする。（　　）

荷をせ負う。（　　）

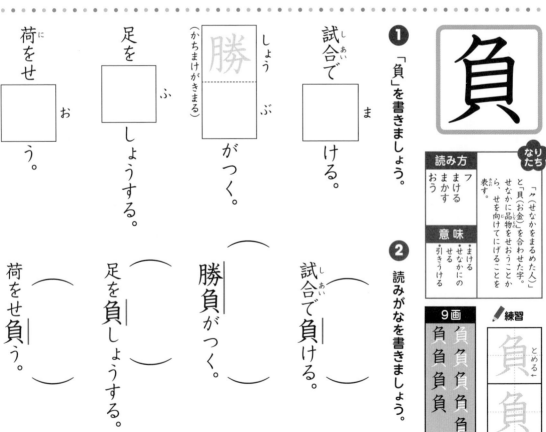

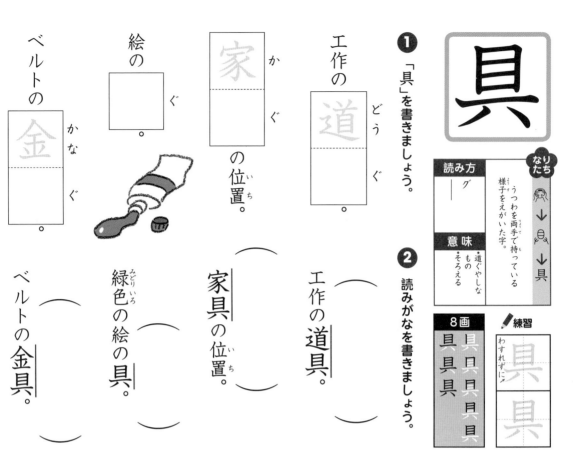

重

なりたち
「人（ひと）」と「土（つち）」と「東（つきぬく）」を合わせた字。人が地面《じめん》をつきぬくようにおもみをかけることを表《あらわ》す。

読み方
ジュウ
チョウ
え
おもい
かさねる
かさなる

意味
・目方が多い
・ひどい
・だいじ
・かさねる

9画

練習
←長く

❶ 「重」を書きましょう。

- □《おも》い荷物《にもつ》。
- 本を□《かさ》ねる。
- 体《たい》□《じゅう》をはかる。
- 貴《き》□《ちょう》品《ひん》をしまう。
（とても大切なしなをしまう）

❷ 読みがなを書きましょう。

- 重い荷物。（　　）
- 本を重ねる。（　　）
- 体重をはかる。（　　）
- 貴《き》重品《ひん》をしまう。（　　）

乗

なりたち
もとの字は「乘」。人が木に登《のぼ》ったすがたをしめしたもので、上にのることを表す。

読み方
ジョウ
のる
のせる

意味
・のりものに入る
・のる

9画

練習
長く←

❶ 「乗」を書きましょう。

- バスに□《の》る。
- □《の》り物《もの》。
- 電車の□《じょう》客《きゃく》。
- □《じょう》用《よう》車《しゃ》。

❷ 読みがなを書きましょう。

- バスに乗る。（　　）
- 遊《ゆう》園《えん》地《ち》の乗り物。（　　）
- 電車の乗客。（　　）
- 白い乗用車。（　　）

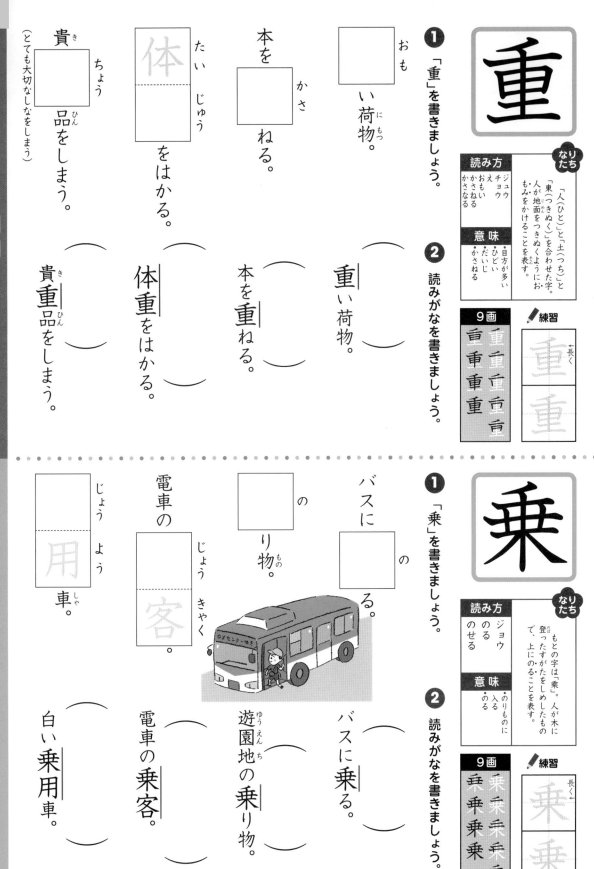

ドリル

点

1つ・5点

1 ―線の漢字《かんじ》の読みがなを書きましょう。

① 遊園地《ゆうえんち》の乗り物《もの》。（　　）

② 工作の道具。（　　）

③ はい皿にすてる。（　　）

④ 体重をはかる。（　　）

⑤ 手の血管《かん》。（　　）

⑥ 勝負がつく。（　　）

⑦ きずを負う。（きずをうける）（　　）

⑧ 鼻血が出る。（　　）

⑨ 貴《き》重な体験《たいけん》。（　　）

⑩ 白い乗用車《しゃ》。（　　）

2 読みがなにあう漢字を書きましょう。

① 絵の□《ぐ》。

② 試合《しあい》で□《ま》ける。

③ 円《まる》い□《さら》。

④ □《おも》い荷物《にもつ》。

⑤ □《ち》がにじむ。

⑥ バスに□《の》る。

⑦ 貴《き》□《ちょう》品《ひん》。

⑧ 荷《に》をせ□《お》う。

⑨ □《けつ》えき型《がた》。

⑩ 本を□《かさ》ねる。

まとめドリル

点

1つ・5点

❶ 読みがなにあう漢字《かんじ》を書きましょう。

① 赤の絵の□《ぐ》。

② □《びょう》等《どう》に分ける。

③ □《けつ》えき型《がた》。

④ □《はな》息《いき》があらい。

⑤ 円い□《さら》。

⑥ 荷《に》を□《お》う。

⑦ 貴《き》□《ちょう》品《ひん》。

⑧ バスに□《の》る。

⑨ □《は》をみがく。

⑩ □《ち》がにじむ。

❷ 読みがなにあう漢字を書きましょう。

① □□《じょう　きゃく》の数。

② □□《こう　ふく》な人生。

③ 父の□□《し　ごと》。

④ □□《よ　てい》を立てる。

❸ 次《つぎ》のことばを漢字と送《おく》りがなで〔　〕に書きましょう。

① 〔　〕《みじかい》時間。

② 〔　〕《しあわせ》にくらす。

③ 〔　〕《たいら》な道。

④ 試合《しあい》で〔　〕《まける》。

⑤ 手を〔　〕《かさねる》。

⑥ 〔　〕《さいわい》をねがう。

45 同じ部分をもつ漢字

上の漢字を見てみましょう。何か気づいたことはありませんか。

そうです。「洋」の字には「羊」が、「章」の字には「早」という字が入っていますね。

このような漢字を、ほかにもさがして、よく見くらべてみましょう。

羊 ➡ 洋

早 ➡ 章

由 ➡ 油・笛

相 ➡ 想・箱

反 ➡ 坂・板・返

入るところによって形がちがっているから気をつけてね。

◆ ┈┈ の部分をえん筆でなぞりましょう。

早 ── 長い文章。

自 ── 息をすう。

里 ── 童話を読む。

羊 ── 赤い洋服。

台 ── 始める。

何 ── 荷物を運ぶ。

冬 ── 終える。

東 ── 歌の練習。

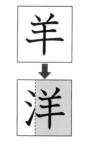

ドリル①

点
1つ・5点

❶ □の部分《ぶぶん》をもつ漢字《かんじ》を書きましょう。

① 音
□《くら》い夜道。遠足の用《よう》□《い》。

② 由
ごまの□《あぶら》。□《ふえ》の音。

③ 相
感《かん》□《そう》文《ぶん》。木の□《はこ》。

④ 者
□《と》会《かい》の様《よう》子《す》。□《あつ》い日。

⑤ 豆
□《あたま》がいたい。□《みじか》いひも。

❷ 同じ部分をもつ漢字を書きましょう。

① □《すこ》し食べる。—十《じゅう》□《びょう》間《かん》待《ま》つ。

② □《ただ》しい答え。—本の□《せい》理《り》。

③ ぼうの□《なが》さ。—手《て》□《ちょう》に書く。

④ □《き》色《いろ》の花。—□《よこ》を見る。

⑤ 二《に》□《ちょう》目《め》の角。—□《まち》と村。

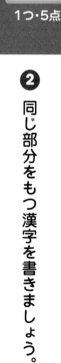

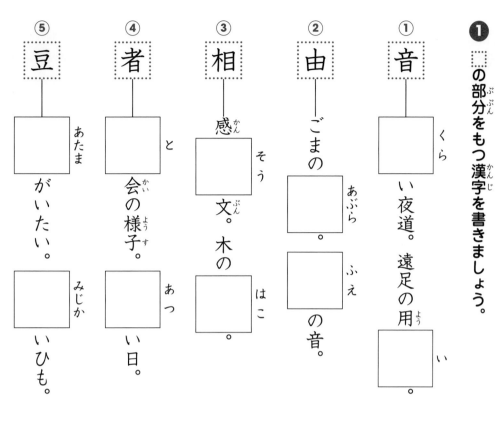

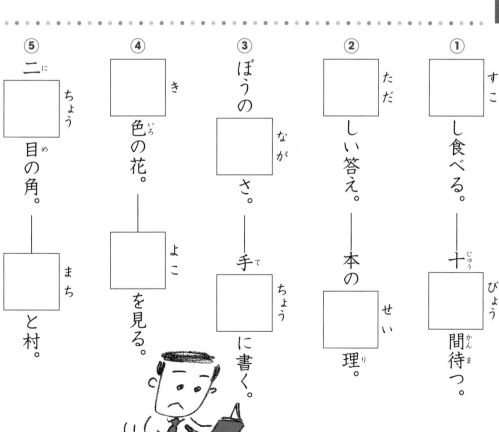

ドリル②

□点

1つ・5点

❶ □の部分《ぶぶん》をもつ漢字《かんじ》を書きましょう。

① 主

町に□《す》む。

家の□《はしら》。

□《ちゅう》意《い》する。

② 反

急《きゅう》な□《さか》道《みち》。

ゆか□《いた》。

本を□《かえ》す。

③ 寺

手に□《も》つ。

駅《えき》で□《ま》つ。

一《いっ》□《とう》になる。

□《し》を読む。

❷ 同じ部分をもつ漢字を書きましょう。

① □《ちょく》線《せん》を引く。――木を□《う》える。

② □《もう》しこみ用紙。――山の□《かみ》様《さま》。

③ バナナの□《かわ》。――□《なみ》がよせる。

④ □《たの》しい歌声。――□《くすり》を飲《の》む。

⑤ □《おも》い荷物《にもつ》。――体が□《うご》く。

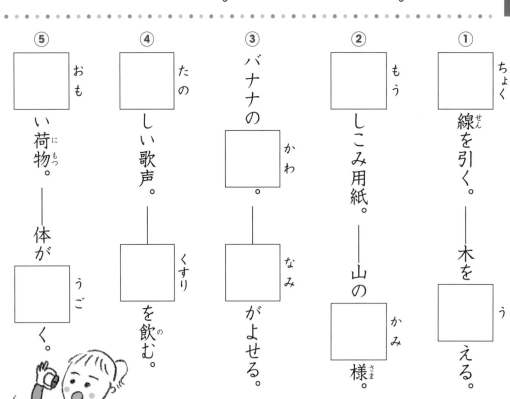

46 形がにている漢字

上の漢字を見てみましょう。とてもよくにていて、真ん中のたて画の長さ（上か下につき出す）がちがうだけです。

このような形がにている漢字は、書きまちがえやすいものです。それぞれの漢字の意味や使い方のちがいをとらえ、区別しておぼえましょう。

ほかの漢字もさがしてみましょう。

田 由 申

皿 血

負 員 買

「皿」と「血」は、「丶」のあるなしに、「負」と「員」と「買」は、上の部分の形のちがいに気をつけよう！

◆ 上と下の漢字で、ちがうところをえん筆でなぞりましょう。

① 広い土 地。── その 他 の人。
ち　　　　　　　　　た

② 楽しい 音 楽。── 大 昔 の生き物。
おん　がく　　　おお　むかし　もの

③ 鳥 の鳴き声。── 南の 島。
とり　　　　　　　　　しま

④ 弟 の本。── 第 一回大会。
おとうと　　　　だい　いっかい

⑤ 算数の 問 題。── 体育の 時 間。
もん　だい　　たいいく　じ　かん

答え ①ち─た ②おん─おお ③とり─しま ④おとうと─だい ⑤もん─日

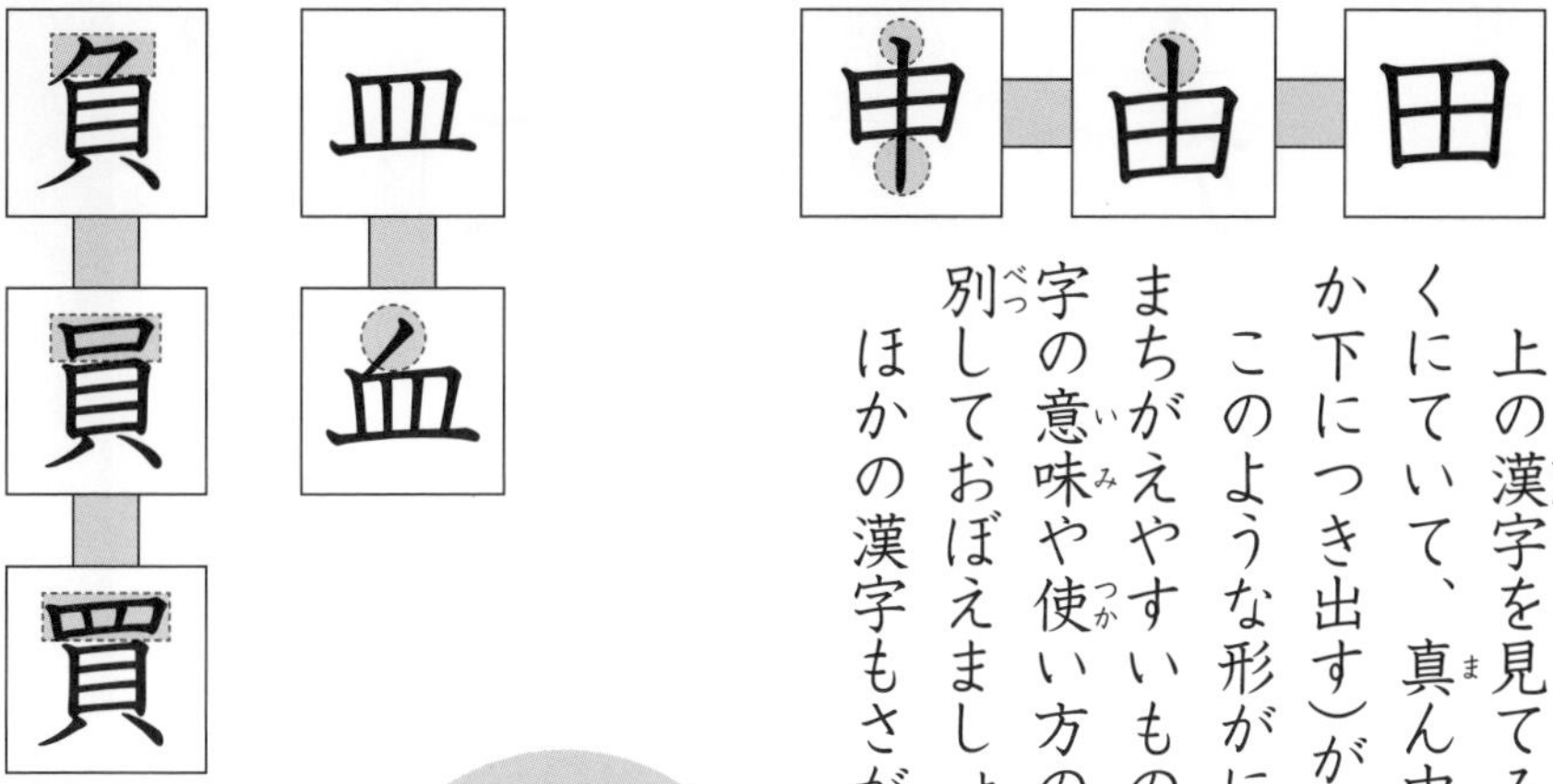

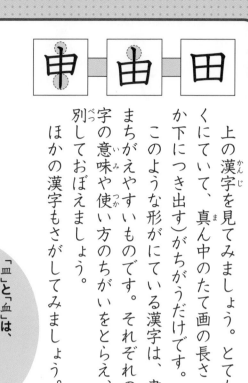

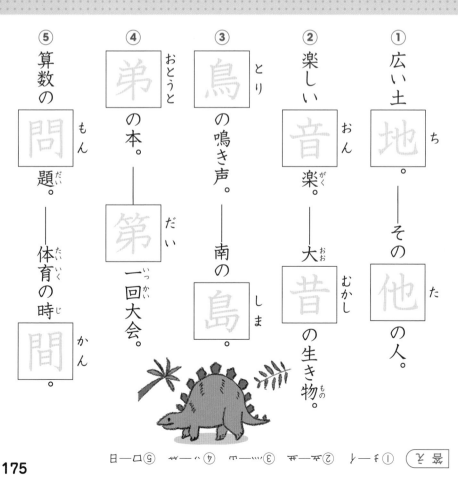

ドリル

点

1つ・5点

1 たりない部分《ぶぶん》を書きたして、正しい漢字《かんじ》にしましょう。

① 匚《く》別《べつ》する。— 匚《い》者《しゃ》の仕事《しごと》。

② 木の艮《ね》。— 艮《ぎん》メダル。

③ 方《りょ》行《こう》する。— 明るい家《か》方《ぞく》。

④ 角で車《ころ》ぶ。— 車《かる》い箱《はこ》。

⑤ 糸《せん》路《ろ》がつづく。— 糸《みどり》の葉《は》。

2 形に気をつけて、漢字《かんじ》を書きましょう。

① …新しい□《はっ》見《けん》。山《やま》□《のぼ》りの用意《ようい》。

② …石を□《な》げる。□《やく》に立つ。

③ 大きな□《いわ》山《やま》。美《うつく》しい海《かい》□《がん》。
石《せき》□《たん》をほる。

④ 運動《うんどう》□《じょう》で遊《あそ》ぶ。お□《ゆ》をわかす。
太《たい》□《よう》がのぼる。

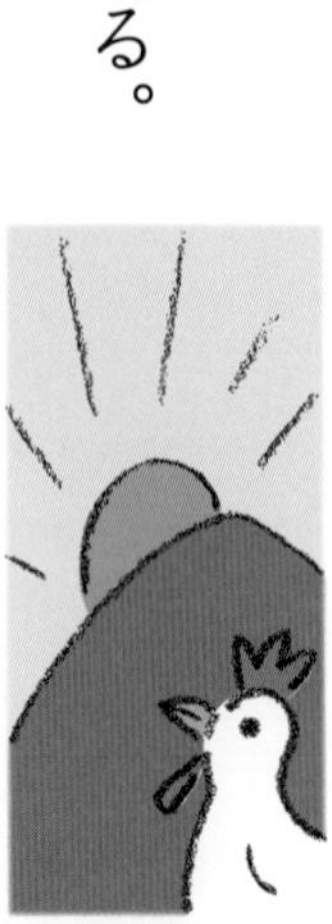

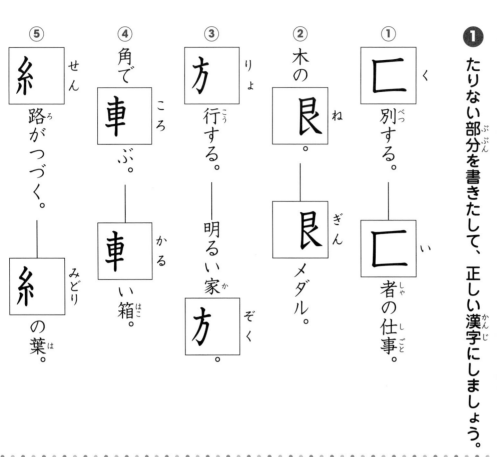

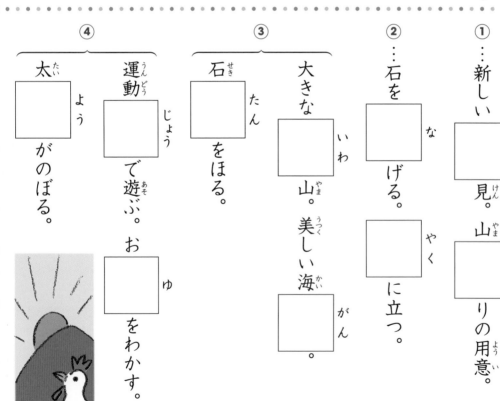

47 同じ読み方の漢字《かんじ》

次《つぎ》の——線の読み方の漢字《かんじ》を考えてみましょう。

・**化学《かがく》のけん究《きゅう》**

「けん」という読み方の漢字は、たくさんあります。これまでに、「犬・見・間・研・県」を習《なら》っているので、「けん究」ということばから、「研」が正しいことがわかります。

・**きれいなは**

——線の「は」は、どんな漢字が当てはまりますか。「歯」と「葉」の両方《りょうほう》が使《つか》えますね。漢字によって意味《いみ》がちがうことに注意《ちゅうい》して、漢字を正しく使うようにしましょう。

◆ ——線のことばを正しい漢字《かんじ》で書き表《あらわ》したほうに、○をつけましょう。

① 長いかいだん。 （　）階だん （　）界だん

② しょう和生まれ。 （　）章和 （　）昭和

③ 校内放そう。 （　）放想 （　）放送

④ 明るい家てい。 （　）家定 （　）家庭

⑤ 自どうドア。 （　）自動 （　）自童

答え ①階だん ②昭和 ③放送 ④家庭 ⑤自動 に○

ドリル①

□点

❶1つ・10点
❷1つ・5点

❶ 文に当てはまる漢字《かんじ》のほうに、○をつけましょう。

① （央・横）だん歩道をわたる。

② 二学《がっ》（期・起）の始業式《しぎょうしき》。

③ 空《くう》（港・向）の飛行機《ひこうき》。

④ 板《いた》の（氷・表）面《めん》をさわる。

⑤ 太平《たいへい》（羊・洋）の島々《しまじま》。

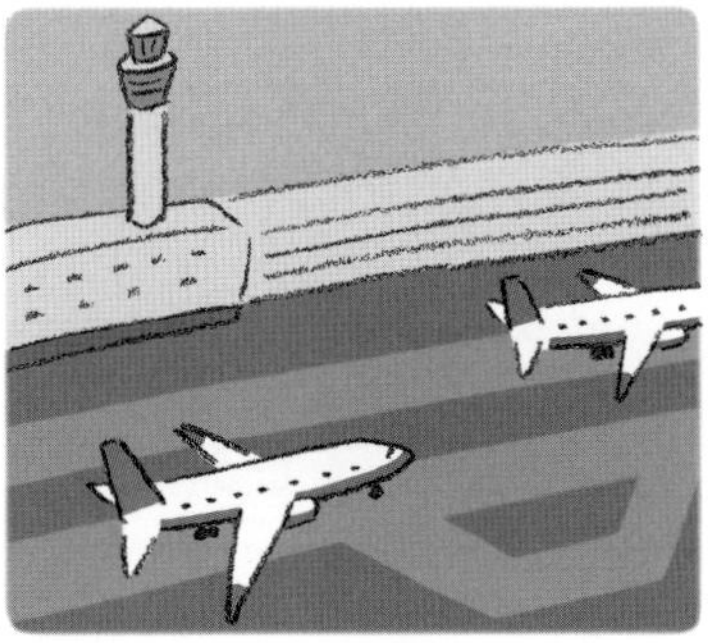

❷ □に当てはまる漢字を、〔 〕からえらんで書きましょう。

① 〔安・暗〕…□《あん》記《き》する。□《あん》心《しん》する。

② 〔曲・局〕…□《きょく》線《せん》をえがく。放送《ほうそう》□《きょく》。

③ 〔次・事〕…道路工《どうろこう》□《じ》。本の目《もく》□《じ》。

④ 〔消・商・章・勝〕

□《しょう》店《てん》がい。□《しょう》負《ぶ》がつく。

□《しょう》ぼう車。長い文《ぶん》□《しょう》。

ドリル②

点

1つ・5点

1 □に当てはまる漢字《かんじ》を、〔　〕からえらんで書きましょう。

① 〔医・意〕…遠足の用《よう》□《い》。□《い》者《しゃ》の仕事《しごと》。

② 〔第・題〕…□《だい》一《いっ》回《かい》大会。作文の□《だい》。

③ 〔真・進〕…入場行《こう》□《しん》。写《しゃ》□《しん》をとる。

④ 〔究・急　級・球〕
学《がっ》□《きゅう》文《ぶん》庫《こ》。□《きゅう》な坂道《さかみち》。
野《や》□《きゅう》のチーム。自《じ》由《ゆう》研《けん》□《きゅう》。

2 ——線のように読む漢字を書きましょう。

① イン　クラス委《い》□。市の病《びょう》□。

② カン　□じのいい人。体育《たいいく》□で遊《あそ》ぶ。

③ シュウ　漢字《かんじ》の学《がく》□。文《ぶん》□を作る。

④ チョウ　手《て》□に書く。体の□子《し》。

⑤ フク　赤い洋《よう》□。幸《こう》□な人生。

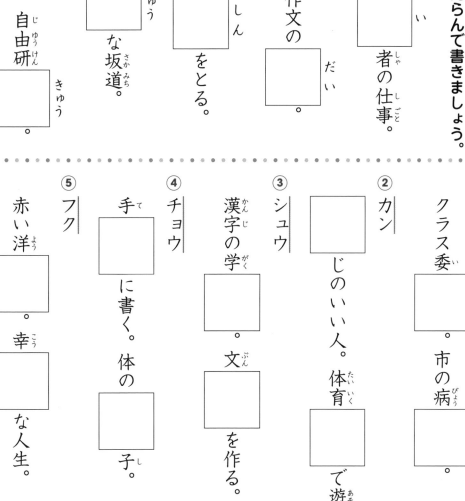

ドリル③

□点
1つ・5点

❶ □に当てはまる漢字《かんじ》を、〔　〕からえらんで書きましょう。

① 〔花・鼻〕…□《はな》声《ごえ》になる。広い□《はな》畑《ばたけ》。

② 〔川・皮〕…□《かわ》の魚。バナナの□《かわ》。

③ 〔者・物〕…はたらき□《もの》。食べ□《もの》。

④ 〔歯・葉〕…木の□《は》。□《は》ブラシ。

⑤ 〔身・実〕…□《み》の回り。かきの□《み》。

❷ ――線のように読む漢字を書きましょう。

① きる
はさみで紙を□る。洋《よう》服《ふく》を□る。

② はなす
先生に□す。川に魚を□す。

③ のぼる
川を□る。木に□る。
（川の上りゅうにむかう）

④ かえる
家に□る。ふり□る。

⑤ あける
夜が□ける。まどを□ける。

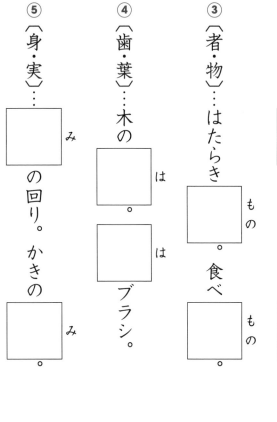

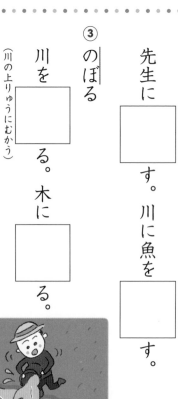

答え

「ドリル」「まとめドリル」の答えです。

1 「艹」のつく漢字

8ページ ドリル

❶ ①ぐすり ②らくよう ③ば ④にもつ ⑤らく ⑥かやく ⑦に ⑧らっか ⑨にがて ⑩やくひん

❷ ①荷 ②苦心 ③落 ④荷車 ⑤葉 ⑥苦 ⑦薬 ⑧落 ⑨青葉 ⑩苦

2 「宀」のつく漢字

12ページ ドリル

❶ ①みや ②あんぜん ③きゃく ④しゅ ⑤きゃく ⑥やすう ⑦まも ⑧す ⑨きゅう ⑩あんしん

❷ ①客 ②王宮 ③客 ④乗客 ⑤守 ⑥安全 ⑦宮 ⑧安 ⑨守 ⑩守

15ページ ドリル

❶ ①みの ②しゅくだい ③よてい ④じょう ⑤さむ ⑥あまやど ⑦さだ ⑧がっしゅく ⑨じじつ ⑩かんちゅう

❷ ①実 ②実力 ③安定 ④予定 ⑤宿屋 ⑥寒 ⑦宿題 ⑧実 ⑨寒 ⑩定

16ページ まとめドリル

❶ ①客 ②実 ③荷 ④宿 ⑤守 ⑥薬 ⑦守 ⑧落 ⑨定 ⑩宮

❷ ①青葉 ②実力 ③寒中 ④落葉

❸ ①苦い ②実る ③安い ④落ちる ⑤苦しい ⑥定める

3 「竹・⺮」のつく漢字

20ページ ドリル

❶ ①はこ ②くちぶえ ③ひと ④とう ⑤はこ ⑥きてき ⑦だい ⑧ほんばこ ⑨てき ⑩ひっき

❷ ①笛 ②筆箱 ③第 ④上等 ⑤筆 ⑥汽笛 ⑦筆 ⑧薬箱 ⑨第 ⑩等

4 「人・亻・𠆢」のつく漢字

23ページ ドリル

❶ ①ほか（た） ②だいひょう ③か ④しく ⑤かかり ⑥こうたい ⑦つか ⑧かか ⑨しごと ⑩ちよがみ

❷ ①代表 ②他人 ③係 ④交代 ⑤仕事 ⑥係 ⑦他 ⑧代 ⑨係 ⑩仕

26ページ ドリル

❶ ①すべ ②つか ③す ④てんし ⑤ばい ⑥じゅうしょ ⑦まった ⑧しよう ⑨あんぜん ⑩なんばい

❷ ①倍 ②使用 ③使者 ④全国 ⑤住 ⑥住 ⑦安全 ⑧使 ⑨住所 ⑩全

5 「木・木」のつく漢字

30ページ ドリル

❶ ①いた ②しょくぶつ ③ね ④でんちゅう ⑤こんき ⑥たう ⑦こくばん ⑧きゅうこん ⑨はしら ⑩てっぱん

❷ ①根 ②火柱 ③柱 ④植物 ⑤板 ⑥根気 ⑦屋根 ⑧電柱 ⑨黒板 ⑩植

33ページ ドリル

❶ ①ぎょう ②ようす ③かみさま ④よこみち ⑤こうぎょう ⑥きょう ⑦おう ⑧ようしき ⑨ばし ⑩ぎょう

❷ ①横 ②鉄橋 ③神様 ④業 ⑤橋 ⑥王様 ⑦横顔 ⑧様子 ⑨横 ⑩作業

34ページ まとめドリル

❶ ①第 ②住 ③根 ④倍 ⑤板 ⑥笛 ⑦他 ⑧係 ⑨橋 ⑩横

❷ ①筆箱 ②工業 ③電柱 ④様子

❸ ①植える ②全く ③代わり ④等しい ⑤使う ⑥仕える

6 「手・扌」のつく漢字

38ページ ドリル

❶ ①な ②おやゆび ③う ④だしゃ ⑤も ⑥とうしゅ ⑦ひろ ⑧きも ⑨ゆび ⑩しめい

❷ ①指 ②打 ③打者 ④指 ⑤投手 ⑥持 ⑦所持 ⑧拾 ⑨打 ⑩投

7 「水・氵」のつく漢字

42ページ ドリル

❶ ①およ ②でんぱ ③き ④ちゅうい ⑤ごおり ⑥ゆうえい ⑦おおなみ ⑧けってい ⑨そそ ⑩りゅうひょう

❷ ①氷 ②注目 ③波 ④決心 ⑤氷山 ⑥泳 ⑦水泳 ⑧注 ⑨波 ⑩決

46ページ ドリル

❶ ①け ②ようしょく ③なが ④でんりゅう ⑤あたた ⑥しんや ⑦ふか ⑧せきゆ ⑨しょう ⑩たいへいよう

❷ ①油 ②流行 ③深 ④深 ⑤温度 ⑥消 ⑦洋服 ⑧流 ⑨消 ⑩温

49ページ ドリル

❶ ①ゆ ②くうこう ③みなと ④こじょう ⑤ゆ ⑥かんじ ⑦みずうみ ⑧とう ⑨かんわ ⑩こう

❷ ①湯 ②漢字 ③湖 ④港町 ⑤湯 ⑥湖水 ⑦港 ⑧空港 ⑨湯 ⑩漢和

50ページ まとめドリル

❶ ①湖 ②波 ③打 ④氷 ⑤油 ⑥指 ⑦洋 ⑧湯 ⑨深 ⑩持

❷ ①漢字 ②水泳 ③空港 ④決心

❸ ①拾う ②注ぐ ③投げる ④温める ⑤消える ⑥流れる

8 「心」のつく漢字

53ページ ドリル

❶ ①わる ②きゅうこう ③いき ④いそ ⑤いそ ⑥あくやく ⑦きゅう ⑧きゅうそく ⑨いき ⑩あくにん

❷ ①息 ②悪口 ③悪役 ④急行 ⑤急 ⑥休息 ⑦息 ⑧急 ⑨急 ⑩悪

56ページ ドリル

❶ ①ようい ②ひめい ③かな ④ちゅうい ⑤かん ⑥いけん ⑦かんそう ⑧かんしん ⑨ひ ⑩くうそう

❷ ①感 ②意味 ③予想 ④悲鳴 ⑤感 ⑥用意 ⑦悲 ⑧感想 ⑨注意 ⑩悲

9 「辶」のつく漢字

59ページ ドリル

❶ ①お ②こうそく ③はや ④へんじ ⑤かえ ⑥つい ⑦かえ ⑧そくど ⑨はや ⑩つい

❷ ①返答 ②高速 ③速度 ④返 ⑤追 ⑥速 ⑦返事 ⑧追 ⑨追 ⑩返

62ページ ドリル

❶ ①あそ ②こうしん ③みおく ④うんどう ⑤すす ⑥ゆうえんち ⑦はこ ⑧うんそう ⑨ゆう ⑩しんぽ

❷ ①放送 ②行進 ③進 ④遊 ⑤遊園 ⑥送 ⑦運転 ⑧運 ⑨運送 ⑩進

10 「口」のつく漢字

66ページ ドリル

❶ ①くん ②ほうこう ③あじ ④めい ⑤む ⑥きごう ⑦いのち ⑧いみ ⑨ははぎみ ⑩こうじょう

❷ ①番号 ②生命 ③君 ④方向 ⑤命 ⑥味方 ⑦号 ⑧向 ⑨母君 ⑩味

69ページ ドリル

❶ ①もんだい ②わしつ ③とんや(といや) ④てんいん ⑤しな ⑥しょうぎょう ⑦しょうばい ⑧へいわ ⑨と ⑩しょくひん

❷ ①作品 ②和室 ③商店 ④委員 ⑤昭和 ⑥問題 ⑦社員 ⑧商品 ⑨品物 ⑩問

70ページ まとめドリル

❶ ①急 ②員 ③遊 ④息 ⑤命 ⑥問 ⑦号 ⑧和 ⑨追 ⑩君

❷ ①運送 ②感想 ③商品 ④意味

❸ ①悪い ②進める ③返る ④向こう ⑤悲しい ⑥速い

11 12 「糸」のつく漢字 「女・女」のつく漢字

74ページ ドリル

❶ ①はじ ②しんりょく ③ね ④ゆだ ⑤お ⑥しゅうぎょうしき ⑦こうきゅう ⑧きみどり ⑨れん ⑩かいし

❷ ①緑 ②終点 ③委員 ④開始 ⑤学級 ⑥練 ⑦新緑 ⑧終 ⑨練習 ⑩始

13 14 「日」のつく漢字 「車」のつく漢字

78ページ ドリル

❶ ①むかし ②かる ③あつ ④しょうわ ⑤くら ⑥むかしばなし ⑦ころ ⑧あんざん ⑨けい ⑩じてんしゃ

❷ ①暑 ②昭和 ③自転車 ④暑中 ⑤大昔 ⑥軽 ⑦暗記 ⑧転 ⑨軽 ⑩暗

15 16 「广」のつく漢字 「目」のつく漢字

83ページ ドリル

❶ ①けんどう ②なかにわ ③あい ④しんじつ ⑤なんど ⑥こうてい ⑦まなつ ⑧しゃこ ⑨てそう ⑩ぶんこ

❷ ①庭 ②速度 ③県 ④写真 ⑤真 ⑥家庭 ⑦庫 ⑧相手 ⑨相談 ⑩温度

84ページ まとめドリル

❶ ①昔 ②真 ③練 ④昭 ⑤転 ⑥始 ⑦庫 ⑧軽 ⑨県 ⑩相

❷ ①学級 ②家庭 ③新緑 ④委員 ⑤温度 ⑥暑中

❸ ①軽い ②終わる ③暗い ④始める

17 18 「田」のつく漢字 「月」のつく漢字

88ページ ドリル

❶ ①ふく ②りゆう ③はなばたけ ④ようふく ⑤せかい ⑥きかん ⑦もう ⑧はたさく ⑨かい ⑩ゆらい

❷ ①畑 ②自由 ③服 ④学期 ⑤期間 ⑥田畑 ⑦洋服 ⑧由来 ⑨世界 ⑩申

19 20 「力」のつく漢字 「金・金」のつく漢字

92ページ ドリル

❶ ①たす ②べんがく ③か ④ぎんこう ⑤うご ⑥うんどうかい ⑦てつ ⑧しょうぶ ⑨じょしゅ ⑩ちかてつ

❷ ①鉄 ②銀行 ③助 ④勉強 ⑤銀 ⑥動 ⑦自動 ⑧勝 ⑨勝負 ⑩助

21 22 「阝」のつく漢字 「言」のつく漢字

97ページ ドリル

❶ ①しら ②しじん ③にゅういん ④たいだん ⑤ようこう ⑥かい ⑦いいん ⑧たいちょう ⑨ししゅう ⑩かいだん

❷ ①太陽 ②調子 ③階 ④病院 ⑤談 ⑥陽気 ⑦詩 ⑧相談 ⑨階 ⑩調

98ページ まとめドリル

❶ ①詩 ②鉄 ③界 ④畑 ⑤服 ⑥勝 ⑦銀 ⑧勝 ⑨院 ⑩階

❷ ①期間 ②相談 ③陽気 ④運動 ⑤勉強 ⑥由来

❸ ①動く ②申し ③調べる ④助ける

23 24 「示・ネ」のつく漢字 「イ」のつく漢字

102ページ ドリル

❶ ①ふく ②じんじゃ ③まつ ④きたい ⑤やく ⑥ちょうれい ⑦ま ⑧しんわ ⑨れい ⑩さいじつ

❷ ①役 ②神様 ③祭 ④幸福 ⑤礼 ⑥神話 ⑦役 ⑧待 ⑨期待 ⑩祭

25 26 「又」のつく漢字 「尸」のつく漢字

106ページ ドリル

❶ ①う ②おくじょう ③と ④はんたい ⑤そ ⑥やね ⑦きょく ⑧せんしゅてん ⑨じゅ ⑩ほうそうきょく

❷ ①反 ②局 ③屋根 ④受 ⑤局 ⑥取 ⑦屋上 ⑧反 ⑨取 ⑩受

27 28 「羊」のつく漢字 「一」のつく漢字

111ページ ドリル

❶ ①りょう ②ちょう ③よ ④うつく ⑤ひつじ ⑥つ ⑦ちゃく ⑧せかい ⑨せい ⑩び

❷ ①丁 ②世話 ③羊 ④美人 ⑤両手 ⑥着 ⑦羊毛 ⑧着 ⑨着 ⑩美

112ページ まとめドリル

❶ ①礼 ②神 ③羊 ④福 ⑤局 ⑥丁 ⑦待 ⑧取 ⑨役 ⑩着

❷ ①世話 ②期待 ③屋根 ④両手 ⑤神社 ⑥羊毛

❸ ①祭り ②反らす ③美しい ④受ける

29 30 「立」のつく漢字 「肉・月」のつく漢字

115ページ ドリル

❶ ①ぶんしょう ②はぐく ③そだ ④どうわ ⑤ゆうめい ⑥こうしょう ⑦どう ⑧あ ⑨たいいく ⑩そだ

❷ ①童話 ②文章 ③童 ④有名 ⑤体育 ⑥有 ⑦校章 ⑧育 ⑨有名 ⑩育

31 32 「食・飠」のつく漢字 「阝」のつく漢字

118ページ ドリル

❶ ①たいいくかん ②みやこ ③の ④ぶひん ⑤とかい ⑥やかた ⑦いん ⑧ぶぶん ⑨の ⑩つごう

❷ ①飲 ②都 ③部品 ④都会 ⑤飲 ⑥都合 ⑦部分 ⑧体育館 ⑨館 ⑩飲

33 34 「山」のつく漢字 「攵」のつく漢字

121ページ ドリル

❶ ①しま ②ととの ③せいり ④かいがん ⑤はな ⑥とう ⑦ぎし ⑧ほうそう ⑨しま ⑩ほう

❷ ①放 ②整理 ③放送 ④海岸 ⑤島 ⑥放送 ⑦岸 ⑧放 ⑨島 ⑩整

35 36 「酉」のつく漢字 「方」のつく漢字

124ページ ドリル

❶ ①くば ②りょこう ③さけ ④ようしゅ ⑤たび ⑥はい ⑦くば ⑧すいぞくかん ⑨かぞく ⑩さかや

❷ ①旅 ②洋酒 ③配 ④家族 ⑤酒 ⑥酒屋 ⑦旅 ⑧水族館 ⑨旅行 ⑩配

37 38 「匚」のつく漢字 「癶」のつく漢字

127ページ ドリル

❶ ①はつおん ②やまのぼ ③く ④はっけん ⑤とざん ⑥いしゃ ⑦ちく ⑧しゅっぱつ ⑨い ⑩とうこう

❷ ①医者 ②登校 ③区 ④発音 ⑤登山 ⑥地区 ⑦医 ⑧発見 ⑨出発 ⑩登

128ページ まとめドリル

❶ ①部 ②有 ③酒 ④童 ⑤医 ⑥都 ⑦島 ⑧飲 ⑨岸 ⑩館

❷ ①登山 ②旅行 ③地区 ④文章 ⑤家族 ⑥発見

❸ ①配る ②放す ③育てる ④整える

39 二つ（上と下）に分かれる漢字

131ページ ドリル

❶ ①なら ②しゃせい ③うつ ④せきたん ⑤がくしゅう ⑥しゃしん ⑦たん ⑧れんしゅう ⑨うつ ⑩すみび

❷ ①炭 ②写真 ③見習 ④学習 ⑤炭 ⑥写生 ⑦練習 ⑧写 ⑨石炭 ⑩習

134ページ ドリル

❶ ①あつ ②けんきゅう ③ぶんしゅう ④のうじょう ⑤あつ ⑥のうぎょう ⑦けんきゅう ⑧きゅうめい ⑨のうか ⑩しゅうごう

❷ ①農場 ②集合 ③研究 ④農家 ⑤文集 ⑥究明 ⑦農業 ⑧集 ⑨研究 ⑩集

135ページ まとめドリル

❶ ①炭 ②礼 ③習 ④遊 ⑤都 ⑥集 ⑦酒 ⑧待 ⑨究 ⑩役

❷ ①学習 ②写真 ③集合 ④炭火 ⑤旅行 ⑥農家

❸ ①祭り ②習う ③写す ④集まる

40 二つ（右と左）に分かれる漢字

138ページ ドリル

❶ ①ば ②れつ ③つぎ ④ぎょうれつ ⑤ぶんか ⑥もくじ ⑦れっしゃ ⑧つ ⑨かせき ⑩せいれつ

❷ ①化 ②次 ③文化 ④列 ⑤次回 ⑥列車 ⑦化 ⑧次 ⑨整列 ⑩化

141ページ ドリル

❶ ①さか ②ところ ③ものがたり ④はんたい ⑤さかみち ⑥どうぶつ ⑦たいりつ ⑧ばしょ ⑨ざか ⑩にもつ

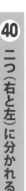

②
①物　②台所　③反対　④坂　⑤動物　⑥近所　⑦坂道　⑧対話　⑨荷物　⑩場所

144ページ　ドリル

①
①びょう　②ちょう　③けん　④びょう　⑤けんきゅう　⑥つうちょう　⑦ちょうめん　⑧けんきゅう　⑨てちょう　⑩びょう

②
①秒　②研究　③帳面　④手帳　⑤研　⑥秒　⑦帳　⑧研究　⑨秒　⑩通帳

147ページ　ドリル

①
①みじか　②やきゅう　③えき　④せんろ　⑤たま　⑥たんしょ　⑦どうろ　⑧えきちょう　⑨でんきゅう　⑩たびじ

②
①駅　②短文　③道路　④野球　⑤短所　⑥駅員　⑦電球　⑧家路　⑨球　⑩短

148ページ　まとめドリル

①
①所　②次　③球　④路　⑤物　⑥坂　⑦秒　⑧駅　⑨帳　⑩研

②
①文化　②列車　③目次　④野球　⑤線路　⑥反対

③
①軽い　②受ける　③短い　④化ける

41 二つ（その他）に分かれる漢字

152ページ　ドリル

①
①ひら　②きりつ　③がくしゃ　④だいめい　⑤お　⑥びょういん　⑦やまい　⑧しゅくだい　⑨き　⑩かいし

②
①題　②病院　③作者　④問題　⑤病気　⑥開　⑦開会　⑧起　⑨者　⑩開

42 二つに分けられない漢字

155ページ　ドリル

①
①ちゅうおう　②きょく　③おも　④かわ　⑤ま　⑥ぬし　⑦ひにく　⑧しゅじん　⑨ひ　⑩きょくせん

②
①皮　②中央　③曲　④主語　⑤主　⑥皮肉　⑦皮　⑧曲線　⑨主　⑩曲

158ページ　ドリル

①
①さ　②しき　③し　④きゅうしゅう　⑤せいしき　⑥きょねん　⑦しゅう　⑧ししゃ　⑨こ　⑩ほんしゅう

②
①州　②洋式　③去　④死者　⑤去　⑥正式　⑦式　⑧去　⑨州　⑩死

161ページ　ドリル

①
①まめ　②めん　③み　④はっぴょう　⑤しんちょう　⑥だいず　⑦あらわ　⑧じめん　⑨とう　⑩おもて

②
①身　②大豆　③表　④地面　⑤面　⑥身近　⑦豆　⑧画面　⑨豆　⑩表

162ページ　まとめドリル

①
①病　②者　③曲　④主　⑤皮　⑥去　⑦豆　⑧式　⑨身　⑩死

②
①開会　②問題　③中央　④作者　⑤九州　⑥地面

③
①起きる　②表す　③開く　④曲がる

43 体の部分を表す漢字
44 にた部分のある漢字

166ページ　ドリル

①
①たい　②へいき　③しあわ　④はないき　⑤しごと　⑥しか　⑦よしゅう　⑧こううん　⑨さいわ　⑩びょうどう

②
①歯　②予定　③工事　④平等　⑤平　⑥幸　⑦仕事　⑧平　⑨鼻声　⑩幸

170ページ　ドリル

①
①の　②どうぐ　③ざら　④たいじゅう　⑤けっ　⑥しょうぶ　⑦お　⑧はなぢ　⑨ちょう　⑩じょうよう

②
①具　②負　③皿　④重　⑤血　⑥乗　⑦重　⑧負　⑨血　⑩重

171ページ　まとめドリル

①
①具　②平　③血　④鼻　⑤皿　⑥負　⑦重　⑧乗　⑨歯　⑩血

②
①乗客　②幸福　③仕事　④予定

③
①短い　②幸せ　③平ら　④負ける　⑤重ねる　⑥幸い

45 同じ部分をもつ漢字

173ページ　ドリル①

①
①暗・意　②油・笛　③想・箱　④都・暑　⑤頭・短

②
①少・秒　②正・整　③長・帳　④黄・横　⑤丁・町

174ページ　ドリル②

①
①注 柱 住　②返 板 坂　③持・待 等・詩

②
①直・植　②申・神　③皮・波　④楽・薬　⑤重・動

46 形がにている漢字

176ページ　ドリル

①
①区・医　②根・銀　③旅・族　④転・軽　⑤線・緑

②
①発・登　②投・役　③岩・岸 炭　④場・湯 陽

47 同じ読み方の漢字

178ページ　ドリル①

①
①横　②期　③港　④表　⑤洋

②
①暗・安　②曲・局　③事・次　④商・勝 消・章

179ページ　ドリル②

①
①意・医　②第・題　③進・真　④級・急 球・究

②
①員・院　②感・館　③習・集　④帳・調　⑤服・福

180ページ　ドリル③

①
①鼻・花　②川・皮　③者・物　④葉・歯　⑤身・実

②
①切・着　②話・放　③上・登　④帰・返　⑤明・開